INDIVIDUAL PSYCHOLOGY

兒童人格發展與引導

阿德勒個體心理學

阿爾弗雷德・阿德勒 Alfred Adler 著

周玉瑩 譯

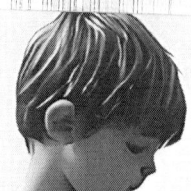

單一行為分析 ╳ 外界刺激影響 ╳ 個案心理調查……
百年不敗的教育心理學,引導孩子培養健康人格的教育理論

心智與發展,阿德勒談兒童教育心理!

追求優越感、預防自卑情結、外界環境因素、社會情感發展……
從個體心理學看兒童教育的心理學策略!

目錄

005　再過100年，都不會過時的教育思想（推薦序）

009　第一章　　引言

023　第二章　　人格的統一性

033　第三章　　追求優越感及其教育意義

051　第四章　　引導追求優越感的努力

063　第五章　　兒童的自卑感

075　第六章　　兒童的發展：預防自卑情結

089　第七章　　兒童的社會情感及其發展障礙

105　第八章　　兒童在家庭中的地位：情境與補償心理

113　第九章　　新環境是對兒童準備工作的考驗

125　第十章　　學校教育與問題兒童

143　第十一章　外界環境對兒童發展的影響

157　第十二章　青春期和性教育

目錄

- 171　第十三章　教育的失誤
- 179　第十四章　對父母的教育
- 187　附錄一　個體心理學調查問卷
- 193　附錄二　五個案例及評語註解

再過100年，
都不會過時的教育思想（推薦序）

　　古希臘的雅典有一座有3,000多年歷史的神廟——阿波羅神廟，那裡專門供奉太陽神阿波羅。在神廟的一根古柱上刻著幾個字：人啊，認識你自己。這是蘇格拉底最鍾愛的格言。作為成人，我們認識自己、審視自己就已經足夠困難，但我們同時還肩負著了解兒童、引導兒童的責任。世界上沒有問題兒童，只有不會教育的父母。孩子健康人格的塑造離不開父母正確的教育方式，因此父母極需了解孩子行為背後的心理，並給予他們一定的關注和正向引導。

　　孩子的每一個行為都能反映出他的整個人格，這種人格的統一性使孩子以一致和協調的方式做出反應，也使自己形成不同於他人的個性特徵。我們需要打開孩子的整體生活畫卷，才能更容易解讀孩子的某些具體行為，如口吃、說謊、罵人等。但很多父母和教育者很容易忽略這一事實，總是過分地誇大孩子行為的不恰當性，迫切地想糾正孩子的行為，卻沒有觸及問題的真正根源。過去的重要事件會影響孩子現在的行為表現，如果我們沒有了解孩子的過去，就無法使孩子得到本質上的改

再過 100 年，都不會過時的教育思想（推薦序）

變。這就好比我們試圖從整段旋律中取出幾個單獨的音符來理解，這種做法是不恰當的。

另外，阿德勒（Alfred Adler）認為所有的孩子都有追求優越感的欲望，這種追求與我們與生俱來的自卑感直接相關。如果我們感覺不到自卑，也就不會產生任何超越現實的欲望。所以，自卑和優越感是同一個心理現象的兩個基本面，自卑是驅使我們追求優越感的動力。過分自卑或者過分追求優越感都會為個體帶來極大的傷害，只有兩者在一定範圍內保持平衡，才能有相對健康的心理狀態。過度的自卑會讓我們喪失勇氣，為自己的需求設定很多障礙和限制，並陷入習得性無助（Learned helplessness）的無力中，最終走向穩固的自卑情結；過分追求優越感也會讓我們有沉重的心理壓力，執著於個人表面的成功和優越感，甚至會嫉妒、中傷、貶低比自己優秀的人。

我們已經看到，每個孩子都有追求優越感的動力，那麼父母應該怎樣引導孩子將這種追求引入正確之路呢？答案是培養孩子的社會情感。也就是說，要去做那些對個人有價值的、符合社會利益標準的事情。在阿德勒看來，教育的目的就是培養一個有健康人格、有社會情感的孩子。為了讓孩子有更強的社會適應能力，父母的重要責任就是引導孩子將興趣從個人身上擴展到其他人身上，積極地參與社會活動，為社會創造價值，並且思考個人和社會生活的三個基本問題。

第一個問題是社會關係，也就是人與人相處的關係，包括對友誼、誠實和忠誠等概念的理解；第二個問題是如何利用自己的生命，也就是人與社會共生的關係，包括想在社會勞動分工中擔任什麼角色、想要從事什麼職業、想要獲得什麼社會地位；第三個問題是兩性關係，也就是愛情和婚姻，包括對異性的態度、對感情的看法等。對這三個問題的回答將展示一個人的生活目標，決定一個人的生活方式，並反映在個體的具體行動中。總之，父母對孩子進行引導和教育的過程是培養社會情感的最佳時機，孩子能逐漸養成自己的生活風格，培養與人和外界環境打交道的能力。

　　《兒童教育心理學》是我們了解阿德勒的個體心理學（individual psychology）的入門讀物，也能為父母和教育者提供更科學的視角，去理解孩子的行為以及矯正孩子不當的行為。他的育兒理念讓很多養育專家深受啟發，比如正面管教的提出者簡‧尼爾森（Jane Nelsen）、民主育兒的提出者魯道夫（Rudolf Dreikurs）、「被討厭的勇氣」的提出者岸見一郎等。不管是哪一種育兒理念，最終的歸宿都是確保孩子不會失去勇氣，能夠獲得面對生活的勇氣和信心，永遠行走在追求優越感的路上。

吳清波

再過 100 年，都不會過時的教育思想（推薦序）

第一章
引言

　　從心理學的角度來看，成人教育的問題可以歸結為自我認知和自我引導的問題。就兒童教育的問題而言，也可以採用同樣的方法，但也存在一些差別：由於兒童尚未成年，引導的問題就顯得極為重要。如果有足夠支持，我們可以讓孩子們按照自己的軌跡自主發展；如果有漫長的時間以及一個良好的環境，孩子最終會接近成人文明的標準。這種方法當然是不可取的，因此成人必須關注如何引導孩子發展的問題。

　　這裡最大的困難在於成人不懂如何引導孩子發展。對於成人來說，要了解自己的情緒，了解自己的喜惡——簡言之，要了解自己的心理是很困難的。了解兒童，並在正確的知識基礎上引導他們更是難上加難。

　　個體心理學對兒童心理學的研究有它獨特的見解。不同於其他心理學，個體心理學不允許理論和現實脫節。它緊扣人格統一性，研究人格為獲得發展而表現的動態競爭。從這種觀點來看，個體心理學的知識是科學的，是經過實踐檢驗的。因為個體心理學的知識是對錯誤的認知，無論誰擁有這種知識，心

第一章　引言

理學家、父母、朋友,還是個體自己,都能立即看到它在相關人格指導方面的實際應用。

個體心理學主張將人當作一個有機的整體來看待,它認為個體的行為是由人格的統一所驅使和引導的,所以個體心理學闡述的有關人類行為的任何觀點,都反映了內在的心理活動表現出來的同樣的相互關係。因此,在本章,我們將試圖呈現出個體心理學的整體觀點,後面幾章將更詳細地論述在這裡所提出的各種相互關聯的問題。

人類發展的基本事實是以旺盛的生命力追求目標的實現。一個孩子從呱呱墜地開始,就一直在追求發展,這種追求符合一種無意識形成但始終存在的目標——使自己變得偉大、完美和優越的願景。這種有目的的追求,反映了人類獨特的思維和想像能力。它支配著我們一生中所有的具體行為,甚至支配著我們的思想。因為我們不是客觀地思考,而是按照我們已經形成的生活目標和生活方式思考。

人格的統一性隱含在每一個個體中。每一個個體既代表了人格的統一性,也代表了這種統一性形成的個體。因此,個體既是藝術品,又是藝術家本身。個體是他自己人格的藝術家,但作為一個藝術家,他既不是完美的,也不是一個對靈魂和肉體有完全理解的人——相反,他是一個相當脆弱、極易犯錯和不完美的人。

在考慮人格的建構時要注意到，它的主要缺點是它的統一性與特定的形式和目的，並不是建立在客觀現實的基礎上的，而是建立在個體對生活事實所持有的主觀看法上的。觀念和個體對客觀事實的看法，永遠不是事實本身。正因如此，所有生活在同一現實世界中的人，都以不同的方式塑造自己。每個人根據自己對事物的觀點來塑造自己，有些觀點更合理，有些觀點不是那麼合理。在人的成長發展過程中，我們必須考慮到這些個人的錯誤和失敗，尤其是要考慮到兒童早期形成的錯誤理解，因為這些錯誤理解主宰了他們之後的生活。

　　臨床病例中有一個具體的案例，一個五十二歲的女性總是看不起比她年長的女性。在回憶自己的童年時，她講述了一件事情：在她小的時候，她的姐姐得到所有人的關注，因此她覺得自己被羞辱和不被重視。用個體心理學的縱向追蹤觀察的方法來分析這個案例，我們可以看到同樣的機制和同樣的心理動力，無論是在她的童年還是現在（也可以說，在接近她生命盡頭的時候），這位女士總是擔心自己的價值被低估，並且對更受寵愛的人感到生氣和憤怒。即使我們對這位女士的生活和她獨特的人格統一性一無所知，但我們幾乎可以根據了解到的兩個事實來解讀她的心理。這時心理學家就像小說家一樣，必須用明確的行動路線、生活方式或行為模式，而且必須以不擾亂人格的統一性的方式來塑造一個人。一位優秀的心理學家能夠

第一章　引言

預測這位女士在某些情況下的行為，並能夠清楚地描述出她的人格中這條「生命線」所伴隨的特徵。

為確立目標或追求優越感而形成的個人人格，以另一個重要的心理事實為前提，即自卑感。所有的孩子都有一種與生俱來的自卑感，這種自卑感會激發孩子的想像力，並刺激他們透過改善環境來消除心理上的自卑感。一個人處境的改善，會導致自卑感減輕。心理學認為，這是一種補償機制。

自卑感和心理補償機制存在的重要問題是，它為犯錯誤提供了巨大的可能性。自卑感可能會激發客觀成就感，但它也可能只是帶來心理上的調整，從而擴大了個人和客觀現實之間的鴻溝。又或者，自卑感可能聽起來很悲慘，以至於只能透過發展出心理補償機制來克服它。儘管這種補償機制並不能完全解決個體存在的問題，但在心理上它是必要的，在行為上也是不可避免的。

例如，有三類兒童會發展出非常明顯的補償機制的人格特徵：第一類是天生身體虛弱或身體存在缺陷的孩子；第二類是受到嚴厲對待而缺乏關愛的孩子；第三類是受到過多溺愛的孩子。

這三類兒童代表了三種基本情況，根據這三種基本情況，可以更好地研究和理解正常類型的兒童的發展。儘管並非每個孩子都帶有先天殘疾，但令人驚奇的是，有很多孩子都或多或

少地表現出由身體缺陷而引發的心理特徵——而這種心理特徵的原型是在殘疾兒童的極端案例中發現的。那些被溺愛和缺乏關愛的孩子，或多或少都可以歸入上述一種心理特徵，甚至不止一種。

上述的三類兒童都會產生一種缺失感和自卑感，作為一種補償，這種處境的兒童會發展出一種超出人類能力範圍的進取心。自卑感和追求優越感是人類生活中同一基本事實的兩個階段，因此這兩個階段不可分割。在病理學看來，很難說是強烈的自卑感還是過度的優越感更有害。它們交替並行，一起以波浪般的節奏前進。就孩子而言，我們發現強烈的自卑感激起的過度的進取心，就像靈魂中的毒藥，使他們永遠不會感覺到滿足。這種不滿足並不會帶來任何益處，因為它是由不合理的野心滋養的，所以結果是徒勞的。而且這種進取心會扭曲個體的性格特徵和個人習慣，它的作用就像一個永久的刺激物，使孩子變得非常敏感和警惕，以免自己受到傷害或被踐踏。

個體心理學的研究案例中，有很多這種類型的人，他們的能力發展處於休眠狀態，像我們說的那樣，他們變得神經質或很古怪。這種類型的人只考慮自己，不顧及他人，當他們陷得越來越深，就會變得不負責任，有的人甚至走向犯罪的道路。無論是道德上還是心理上，他們都會非常的自我。我們發現，在這些「古怪的人」中，有些人為了逃避現實和客觀事實，為

第一章　引言

自己搭建了一個新世界。他們做著白日夢，整日奇思幻想，把幻想當作現實，最終他們成功地創造了心理上的平靜狀態。他們透過在心靈的形象中建構現實，以此來調和現實和心靈。

在孩子的成長過程中，需要由心理學家和家長觀察個體所表現出來的社會情感的發展程度。社會情感是個體正常發展的關鍵性和決定性因素。那些可能導致社會情感或集體情感程度減少的干擾因素，都對孩子的心理成長有極大的不利影響。社會情感是孩子正常生活的「晴雨表」。

個體心理學正是以社會情感為根本原則而發展起來的。父母或監護人不能讓孩子只依附於一個人。如果孩子只和一個人建立親密關係，那麼這個孩子將對以後的生活準備不足，適應得很糟糕。

要了解一個孩子的社會情感發展程度如何，一個好辦法是觀察他上學時的表現。上學是孩子人生中面臨的最早也是最嚴峻的考驗之一。學校對孩子來說是一個新的環境，它將揭示孩子面對新的環境是否做好了準備，特別是孩子是否準備好去結識新的人。

如何讓孩子為上學做好準備是令人頭痛的事，所以很多成人把他們的學生時代看作一場噩夢。當然，如果管理得當，學校通常會彌補孩子早期教育的不足。理想的學校應該是家庭和廣闊的現實世界之間的調節者，不僅是傳授書本知識的場所，

也是傳授生活知識和生活藝術的場所。但是，在我們等待理想的學校出現以克服父母教育孩子的缺陷的同時，我們也可以指出父母的錯誤。

正是因為家庭環境不理想，所以學校可以作為一個分析家庭教育錯誤的指標。沒有被教導過如何與他人接觸的孩子，當他們進入學校時會感到孤獨，別的孩子會認為他們獨來獨往很奇怪。也因此，這種情況會隨著時間的推移產生惡性循環。孩子的正常發展受到阻礙，他們成為問題兒童。儘管學校只是暴露了家庭教育的缺失，但是在這種情況下，人們卻往往指責學校，認為責任在於學校。

問題兒童能否在學校取得進步，一直是個體心理學研究中一個尚未解決的問題。我們能夠證明的一點是，當一個孩子在學校遭遇失敗的時候，這是一個危險的訊號。這個訊號不是孩子讀書失敗的象徵，而是心理失敗的徵兆。這意味著孩子開始對自己失去信心，體會到挫敗感，並開始逃避有用的發展道路和正常的任務。他們一直在嘗試尋找另一條通往自由且容易成功的捷徑。他們沒有選擇社會所認可的道路，而是選擇了一條自己認為可行的道路，在這條路上，他們可以獲得一種優越感，從而彌補自己的自卑感。他們選擇的道路，總是對灰心喪氣的人有吸引力——最快的心理成功之路。與遵循社會認可的道路相比，擺脫社會和道德責任，甚至違反法律，更容易突

第一章　引言

顯自我，獲得征服者的快感。但是，無論他們外在的行為表現得多麼勇敢，這條通往優越感的捷徑卻暴露了潛在的懦弱和弱點。這樣的人總是試圖做那些他有把握成功的事情，以顯示自己的優越感。

正如我們所觀察到的那樣，罪犯儘管表面上是魯莽和勇敢的，但實際上卻很懦弱，所以我們能夠看到處於低危險環境中的兒童，是如何透過各種小跡象暴露出他們的軟弱。例如，我們通常看到有些兒童（也包括成人）站不直，必須總是依靠著某個東西。以前，人們會使用一些對應這些症狀的傳統方法來糾正這些行為，孩子的症狀得到了暫時緩解，但卻不能除根。他們常對這樣的孩子說：「不要總是依靠在其他東西上。」實際上，這裡重要的不是孩子是否會依靠，而是他是否總覺得需要支持。我們可以透過懲罰或獎勵來說服孩子改掉這種軟弱的行為，但是他想要得到支持的強烈需求並沒有因此得到滿足，孩子的問題仍然存在。一個好的教育家能夠讀懂這種行為，並能用同情和理解根除孩子潛在的問題。

我們可以從孩子身上的一個跡象中，推斷出他的心理特質或個性特徵。從一個孩子沉迷於依靠某個東西的行為，我們可以得出這個孩子肯定存在焦慮和依賴等特徵的結論。把他與我們所研究的類似的案例進行比較，就可以推斷出這類兒童的人格特徵。正如我們所見，這是一個被溺愛的孩子。

現在我們來談談另一種類型孩子的性格特徵 —— 就是那些缺乏關愛的孩子。這種性格特徵最成熟的形式可以在壞人身上表現出來。在這類人的生活故事中,有一件事很明顯,即他們小時候都受到過虐待。於是,他們逐漸發展成冷酷的性格,變得嫉妒又仇恨。他們不能忍受別人很快樂。現在,這種類型的嫉妒者不僅存在於窮凶惡極的壞人中,普通人也會出現這種特徵。這種類型的人在撫養孩子時認為,孩子不應該比自己小時候快樂。不僅有些父母會有這樣的想法,一些負責照顧別人孩子的監護人也會出現這種想法。

提出這樣的觀點和想法並非出於惡意,只是反映了那些被嚴厲撫養長大的人的心態。這樣的人可以說出很多好聽的理由為自己辯解,如「孩子不打不成器!」他們舉出許多例子以證明自己是對的,但這些例子並不能使我們信服,因為僵化的權威教育是無益的,它會使孩子和孩子的教育者更加疏遠。

心理學家透過研究各種相互關聯的症狀,並經過一些實踐後,建構起一個人格系統。透過這個系統,我們可以揭示個體隱藏的心理過程。透過這個系統對個體的每個方面進行考察,我們可以發現考察的每個方面都反映了被調查對象的完整人格特徵。儘管如此,也只有在每次的考察中得出相同的結果時,我們才會感到滿意。因此,個體心理學既是一門科學,也是一門藝術。需要強調的是,理論框架,即概念系統,不能生硬地

第一章　引言

應用到被考察的個體身上。所有的研究都要圍繞個體本身，我們絕不能從個體一種或兩種的表現形式中就得出影響深遠的結論，而必須盡可能地尋找到所有可能支持結論的依據。只有當假設被成功證實了，例如，我們在個體行為的其他方面發現同樣的固執和沮喪的特徵，才能肯定地說該個體的整個人格都具有這種固執或沮喪的特徵。

在這方面，我們必須記住，由於被考察的對象不了解自己的表現形式，因此他無法隱藏真實的自我。雖然他的人格是從行動中表現出來的，但他的人格不是透過他對自己說了什麼或想了什麼表現出來的，而是他在某種情境下的所作所為。這並非被考察的對象故意撒謊，而是我們已經學會了辨識個體有意識的想法和無意識的動機之間的巨大差異——這個差異最好由一個客觀但富有同情心的局外人來跨越，而這一局外人——不管他是心理學家、父母還是老師，都應該學會基於客觀事實來解釋個體的人格，這些客觀事實是個體有目的的追求，但或多或少也是無意識的。

因此，個體對個人和社會生活的三個基本問題的態度，揭示了他的真實自我。

第一個問題是社會關係，我們已經在主觀看法和客觀看法的對比中討論過這個問題。社會關係也表現為一種特殊的任務，即交朋友和與人相處的任務。個體如何解決這個問題？他

的回答是什麼？當一個人認為朋友和社會關係的事情與他完全無關，並以此來迴避這個問題時，那麼漠不關心就是他的態度。當然，從這種冷漠中，我們可以推斷出他的人格傾向和結構。此外，還需要注意的是，社會關係並不僅僅局限於交朋友和與人相處，所有抽象的品格，如友誼、誠實和忠誠，都集中在這種關係上，而對這些社會關係的處理則表明了個人對這些問題的態度。

第二個重要的問題是關於個體如何利用自己的生命的問題——他想在社會勞動分工中擔任什麼角色，處於什麼地位。如果他所認為的社會問題是超越，是由「我——你」的關係所決定的，那麼我們可以說，這個問題是由人與世界的基本關係所決定的。如果一個人能視天地萬物為一體，那麼這個人就會與萬物和諧共生。他究竟想得到什麼？正如第一個問題一樣，職業問題的解決不是單方面的或私人的問題，而是人與世界之間的問題。這是一種二元對立的關係，在這種關係中，人並不能完全按自己的方式行事。成功不是由個人意志決定的，而是與客觀現實相連繫的。因此，透過了解一個人對職業問題所做的回答，以及他做出回答的方式，就能推斷他的人格和對生活的態度。

第三個基本問題源於人類分為兩種性別的事實。這一問題的解決並非個人主觀的問題，而是必須根據兩性關係的內在客

第一章　引言

觀邏輯來解決。我對異性的看法是什麼？這不是一個私人的問題。只有仔細考慮圍繞性別關係的所有問題，才能找到正確的解決辦法。理所當然的是，對愛情和婚姻問題的正確解決方案的偏離都是錯誤的，這顯示了個體人格上的缺陷。此外，不恰當的解決這個問題，所帶來的兩性關係的眾多不良後果，是可以根據人格的缺陷來解釋的。

因此，對這三個基本問題的回答反映了個體平常的生活方式和特定目標。目標決定了一個人的生活方式，並且反映在個體的行動中。因此，如果一個人的目標是成為一個有意義的人，是一個指向生活中有用的一面的目標，那麼這個目標將會在個人解決所有問題的過程中顯現出來。所有的解決方案將顯現建設性的作用，個人會體驗到幸福感、價值感和權力感，這些都伴隨著建設性的有用活動。如果目標的指向與此相反，指向的是生活中私人的和無用的一面，那麼個人就會發現自己無法解決根本的問題，他也難以感受從正確的解決方法中獲得的快樂。

上述的三個基本問題之間有著密切的連繫，而在社會生活中，這些基本問題又衍生了具體的任務，只有在社會或公共環境中，或者在社會情感的基礎上，這些基本問題才能恰當地進行，使三個基本問題之間的連繫更加緊密。這些任務最早開始於兒童早期，那時我們的感官在看、說、聽等社會生活的刺激

下發展，在我們與兄弟、姐妹、父母、親戚的關係中，以及我們被熟人、同伴、朋友和老師的教育中逐漸發展。在之後的生活中，我們以同樣的方式繼續成長，而缺少同伴和脫離社會的人會變得逐漸迷失。

因此，個體心理學堅定地認為對社會有用的東西就是「正確的」。它意識到，偏離社會標準就是偏離「正確」的道路，會在客觀規律和現實之間產生衝突。首先，這種與客觀現實的衝突會讓違反社會標準的個體缺乏價值感；其次，這種衝突還會讓那些感覺自己受到傷害的個體以一種更強烈的手段進行報復；最後，可以這麼理解，我們每個人都有意識或無意識地懷揣著一種社會理想，而違反了社會標準的行為則破壞了人們內在的社會理想。

個體心理學嚴格強調社會意識是對個體發展的一種測試，它認為透過考察社會意識，可以使對任何孩子的生活方式的發現、理解和評估都變得很容易。一旦孩子面臨生活問題的考驗，便能以此考察他是否「正確地」做好了準備。換言之，他將展示他是否有社會情感，是否有勇氣、理解力，以及是否大體上有一個有用的目標。然後我們可以試圖發現他努力追求目標的方式和節奏，他的自卑感的程度和社會意識的強度。所有這些東西都緊密地連繫在一起，相互滲透，從而形成一個有機的、牢不可破的整體。這種人格的統一性堅不可摧，直到個體

第一章　引言

發現自己在建構人格的過程中有問題時，新的人格統一性才會得到重建。

第二章
人格的統一性

　　孩子的心理生活很奇妙，它在你能觸摸到的每一個點上都令人著迷。最值得注意的是，一個人必須打開孩子生活的全部畫卷，才能更容易理解他的每一個行為。孩子的每一個行為似乎都表達了他的整個生活和人格。因此，如果不了解這種隱藏的背景，就難以理解孩子的某個行為。對於這種現象，我們稱為人格的統一性。

　　這種統一性的發展，即將行動和表達協調成一個單一的模式，在孩子很小的時候就開始了。生活要求孩子以統一的方式做出反應，這種統一的反應方式不僅構成了孩子的性格，而且使他的每一個行為都具有個性，這使他不同於其他孩子。

　　多數心理學流派通常忽視了人格的統一性這一事實，有些學派雖然沒有完全忽視，但也沒有特別重視。因此，我們經常發現在心理學理論和精神病學實踐中都會把某個特定的行為或某種特定的表達方式進行孤立的研究，似乎它是自成一體的。有時這種表現被稱作一種「情結」，並假設有可能將它與個體活動的其他行為部分區隔分開。但是這個過程就好比是從整段旋

第二章　人格的統一性

律中挑出一個音符，然後試圖單獨理解這個音符的意義，而拋棄了組成旋律的其他音符。這種做法儘管是不恰當的，但卻很普遍。

個體心理學反對這種普遍存在的錯誤，因為如果將它應用於兒童教育，這將會尤其有害。它具體表現在懲罰理論上。當孩子犯錯將被懲罰時，人們通常會考慮到孩子人格的整體印象，但這往往是不利的，因為在反覆犯錯的情況下，老師或家長在接觸、了解孩子時容易產生偏見，認為他是無可救藥的。但在整體印象的基礎上，如果一個行為很好的孩子犯錯誤，那麼我們就會傾向於不那麼嚴厲地懲罰他。然而，這兩種情況都沒有觸及問題的真正根源，因為我們都沒有基於孩子人格的統一性來進行全面理解。這和我們試圖理解從整段旋律中挑出的單獨音符是一回事。

比如，問一個孩子為什麼懶惰時，既不能指望他告訴我們真相，也不能指望他告訴我們為什麼撒謊。幾千年前，蘇格拉底對人性早已有如此深刻的理解，這句話一直在我們耳邊迴響：「最難的就是認識自己！」那麼，我們有什麼權利要求一個孩子回答如此複雜的問題呢？即使對心理學家來說，解決這些問題也是非常困難的。要想理解個體行為的意義，首先要有一種理解整體人格的方法。這並不意味著描述孩子做什麼和他如何去做，而是要理解孩子在面對任務時的態度。

下面的案例揭示了理解孩子生活的整體背景對我們而言是多麼重要。一個十三歲的男孩是家中的老大，五歲之前，他一直是家裡唯一的孩子，得到父母無微不至的關照和愛護。然後他的妹妹出生了。以前，男孩周圍的每個人都非常樂意來滿足他的所有願望，母親寵愛他，父親享受兒子對他的依賴。因為父親是一位軍人，經常不在家，兒子自然離母親更近一些。母親是一位聰明、善良的女人，她盡力滿足這個依賴父母的、固執的兒子的每一個異想天開的念頭。儘管如此，她還是經常對男孩無禮或威脅的態度感到氣惱。母子關係時有緊張，這種緊張主要是因為這個男孩不斷地試圖欺壓他的母親，甚至命令、嘲笑母親。無論何時何地，只要有可能，他都表現得不盡如人意。

　　儘管這個男孩的行為讓他的母親非常氣惱，但由於沒有其他的解決方式，母親就順從了他——為男孩整理衣服，幫助他輔導功課。這個男孩堅信自己的母親會幫助他擺脫任何困難。其實他是一個非常聰明的孩子，上小學時成績不錯。直到他八歲那年妹妹出生，情況發生了巨大的變化，他與父母的關係變得令人難以忍受。一旦母親沒有滿足他的要求，他就會扯母親的頭髮。他從不讓母親安寧，總是捏她的耳朵或拉她的手。隨著小妹妹的長大，他更加執著於這種行為方式。妹妹也很快成為他的惡作劇的目標。他明顯地嫉妒妹妹，對妹妹造成

第二章　人格的統一性

身體上的傷害,而且他完全放棄了自己,完全不愛惜自己,他的這種行為的嚴重惡化可以追溯到妹妹出生,這時家庭角色的地位發生變化,男孩作為獨生子的角色不再發揮以往的作用。

尤其需要強調的是,當一個孩子的行為變得更糟,或者出現某些新的不愉快的狀況時,我們不僅要考慮行為或狀況開始的時間,還要考慮導致這種行為或狀況的原因。「原因」一詞可能需要慎重使用,因為人們還不明白為什麼妹妹的出生會是哥哥成為問題兒童的原因。然而,這種情況經常發生,並被視為孩子的錯誤態度。這不是嚴格意義上物理科學的因果關係問題,因為不能聲稱一個年幼的孩子出生,大一點的孩子就必須惡化。但我們可以斷定,當一塊石頭落地時,它必須以一定的方向和速度落下。個體心理學所做的調查證實,在心理的「墮落」中,嚴格的因果關係並不發揮作用,發揮作用的是那些大大小小的錯誤,這些錯誤才會影響個體未來的發展。

人類的心靈在發展過程中會出現錯誤,這些錯誤及其後果會同時出現,並朝著失敗或錯誤的方向暴露出來,這都不足以為奇。所有這一切都產生於設定心理目標的活動,包括判斷。也就是說,做判斷就會有犯錯的可能性。這種目標的設定或確定始於兒童早期。孩子到了兩三歲時,就會開始為自己設定一個永遠擺在他面前的,並能以自己的方式為之奮鬥的優越性的目標。儘管這個設定的目標通常包括錯誤的判斷,但它或多或

少對孩子有約束力。孩子把他的目標具體化,在他的具體行動中安排他的整個生活,並朝著這個目標不斷奮鬥。

因此,一個孩子的發展是由個人對事物的理解決定的,每當孩子遇到新的困難時,已有的錯誤認知會影響他的行為和判斷。決定孩子印象的深度或特徵並不取決於客觀事實或環境(如第二個孩子的出生),而是取決於這個孩子如何看待這一事實。這是駁斥因果關係理論的充分理由:客觀事實和它們的絕對意義之間存在必要的連繫,但客觀事實與錯誤的認知之間不存在必要的連繫。

我們的心理活動的價值在於,決定我們前進方向的是我們的觀點和看法,而不是事實本身。這是一個非常重要的觀點,因為人所有的活動都是受約束的,我們的人格是在此基礎上建構形成的。凱薩大帝在埃及的登陸就是人類活動中主觀思想發揮作用的一個經典案例。當他跳上岸,跌跌撞撞地摔倒在地上時,羅馬士兵認為這是一個不祥的預兆。儘管這些士兵很勇敢,但是如果凱薩沒有張開雙臂大喊:「我擁有你了,非洲!」羅馬士兵絕對會撤退的。由此我們可以看出,現實中行為和事實之間很少有因果關係,現實對個人的影響與結構化的、完整的人格有關。大眾心理學及其與理性的關係也是如此:如果大眾心理學的一個條件讓位於理性思維,那麼這並不是因為大眾心理學或理性思維是由環境本身決定的,而是因為兩者都代表

第二章　人格的統一性

了個體自發的觀點。直到錯誤的觀點被檢驗出來後，理性思維通常才會出現。

回到這個男孩的故事，我們想像得到他很快就陷入了困境。沒人會再喜歡他了，他在學校裡沒有進步，但他仍然以同樣的行為方式做事，不斷地干擾別人。他的行為已經完全展現了他的人格。然後發生了什麼？每當他打擾別人時，就會立即受到懲罰。他會得到一張糟糕的成績單，或者學校會向他的父母投訴。事情並無好轉，直到最後學校建議他的父母讓這個男孩退學，因為他似乎不再適合學校生活。

也許沒有人比這個男孩更喜歡退學這個解決方案了。他不想要別的。他的態度中再次顯現了其行為模式的邏輯一致性，即他還是秉持著一種錯誤的態度，更一貫如此錯誤地表現自己。他犯了一個基本的錯誤，那就是把自己的目標設定為永遠成為人們關注的焦點。如果他因為一些錯誤確實要受到懲罰，那這一錯誤觀念就是他應該受到懲罰的理由。正是由於這個錯誤觀念，他總是試圖讓母親圍著他轉；他表現得如同一個國王，在享受了八年的絕對權力之後，突然被剝奪了王位。在這八年間，他是唯一為母親而存在的人，母親也是唯一為他而存在的人，直到他被廢除王位。他的妹妹來了，他開始拚命地掙扎，要奪回他丟失的王位。但我們必須承認，他的本質不壞。當一個孩子被帶到一個他完全沒有準備好的環境中，並且被允

許在沒有任何指導的情況下掙扎時就開始了惡劣的行為。還是以這個孩子為例，他只為全家人圍著自己轉的情況做好了準備，突然相反的情況出現了——孩子在學校，老師必須把注意力分配到許多孩子身上，當一個孩子為了得到更多的關注和關愛而採取不合理的行為時，老師就會很生氣。這樣的情況對嬌生慣養的孩子來說充滿了危機。但從一開始，孩子就並非是邪惡的或無可救藥的。

由此可見，案例中男孩的個人生活方式和學校要求的生存方式之間產生了衝突，這是可以理解的。孩子人格的方向和目標，以及學校生活設定的目標，可以透過描繪圖表的方式來呈現兩者之間的衝突。我們發現，兩個目標分別指向不同的方向。但是孩子生活中發生的一切都是由他的目標決定的。可以說，在他的整個人格系統中，除了這個目標，他並沒有任何動力去完成其他目標。另一方面，學校期望每個孩子都有一個正常的生活方式。儘管衝突是不可避免的，但是學校沒有意識到這種情況下個體的心理特點，也沒有試圖採取相應的措施來消除這一衝突。

我們知道，這個男孩的生活是由一種支配性的欲望驅動的，那就是讓母親單獨照顧他、關照他。在他的生活方式中，可以說他心裡想的一切都是：我必須控制媽媽，我必須是唯一擁有她的人。但人們對他還有其他期待，要求他要獨自做事，

第二章　人格的統一性

要保管好課本和檔案，要把自己的東西整理好。這就像把一匹充滿激情的賽馬拴在一輛貨車上。

當然，在這種情況下，男孩的表現必然不是很好，但當我們了解了真實情況後，卻更傾向於同情這個男孩。學校懲罰這個男孩是沒有用的，因為這更會使他相信學校不適合他。當他被學校開除，或者父母被要求帶他離開時，這個男孩就更接近他的目標了。錯誤的認知方式就像一個陷阱。他覺得自己勝利了，因為他現在真的可以支配、控制他的母親了。他的母親必須再次全身心地投入到他身上，而這正是他渴望的。

當我們了解到事情的真相時，就必須承認，挑出一個或另一個錯誤來懲罰孩子是沒有用的。舉例來說，假設他忘記帶一本書（如果他記得帶書，這可能是個奇蹟），那麼只有在這時，他的媽媽才可以圍著他轉。這不是孤立的個人行為，而是整個人格的一部分。當我們牢記人格的所有表現都具有整體性時，我們就可以看到這個男孩只是在按照他的生活方式行事。他的行為始終如一，符合他的人格邏輯，這一事實同時也反駁了他不能完成學業是由於發育遲緩的假設。因為一個發育遲緩的人是無法始終堅持遵循自己的生活方式的。

這個非常複雜的案件又引出了另一個問題。我們所有人的情況都和這個男孩有點類似。我們自己的目標，我們自己對生活的理解，從來都不完全符合公認的社會傳統。在過去，人

們認為社會傳統是神聖不可侵犯的；然而，現在我們已經認知到，人類的社會制度沒有什麼是神聖的或不容改變的。它們都處在發展的過程中，而發展變化的動力就是社會中個體的競爭。社會制度是為了個體而存在的，而個體並非為了社會制度而存在。的確，個體的救贖在於具有社會意識，但是社會意識並不意味著強迫個人進入一致的社會模式。

這種基於個體心理學理論的關於個人與社會關係的考慮，特別適用於學校及其對失調兒童的治療。學校必須學會把孩子看作一個擁有完整的人格、需要培養和發展的有價值的人，同時必須學會運用心理洞察力來判斷特定的行為。正如我們所說，它必須把這些特殊的行為，不是作為單個的音符，而是放在整段旋律的背景下——以人格的統一性去看待。

第二章　人格的統一性

第三章
追求優越感及其教育意義

除了人格的統一性，人性中最重要的心理事實便是追求優越感和成功。追求優越感當然與自卑感直接相關，因為如果我們感覺不到自卑，就不會產生任何超越現實情況的欲望。優越感和自卑感實際上是同一個心理現象的兩個方面，但是為了達到說明的目的，必須分別對它們進行討論。在本章中，我們將努力把內容限定在追求優越感及其教育的意義上。

關於追求優越感，人們可能會想到的第一個問題是，它是否像我們的生物本能一樣是與生俱來的。我們給出的答案是，這是一個極不可能成立的假設。我們不能確切地說這種優越感是與生俱來的，但是我們必須承認，個體追求優越感必須建立在一個具有發展可能性的生物基礎之上。也許我們可以這樣理解：人類的天性與追求優越感的發展緊密相連。

當然，眾所周知，人類的活動被限制在一定的範圍內，有些能力我們永遠無法獲得。例如，我們永遠無法獲得狗的靈敏嗅覺；不可能用眼睛感知光譜中的紫外線。但是，某些功能性的能力可以得到進一步發展，正是在這種進一步發展的可能性

第三章　追求優越感及其教育意義

中，我們看到了追求優越感的生物學根源和人格心理發展的全部來源。

據我們所知，這種在任何情況下都要堅持維護自我形象的強烈欲望，對孩子和成人來說都很普遍，而且這種欲望難以消除。人的本性不能容忍自己永久的屈服，人類甚至推翻了自己的神靈，不願永遠屈服於神的統治。墮落和貶低的感覺，不確定和自卑的情緒，都會引起一種個體想要達到更高層次的欲望，以獲得補償和完整。

可以看出，孩子的某些特點暴露了外在環境的作用，外在環境使他們產生自卑感、軟弱感和不確定的感覺，而這種感覺反過來又對他們的整個精神生活產生刺激的影響。他們努力從這種狀態中解脫出來，追求更高的層次，以獲得平等的感覺。孩子向上的願望越是強烈，他的目標就越高，而且他也會努力尋找證據證明自己，甚至希望可以找到證明自己能夠超越人類極限的證據。因為孩子經常能夠從很多方面得到支持和幫助，以至於他們認為自己的能力很強，所以他們會在內心投射出一幅關乎未來的美好圖景。在某種程度上，孩子的想像力容易暴露出他們希望自己擁有和神一樣的能力。這通常發生在那些感覺最弱、最不自信的孩子身上。

有一個十四歲的孩子，他發現自己的心理狀態非常糟糕。當問及有關他童年的印象時，他想起自己在六歲時，因為不會

吹口哨而感到非常痛苦。然而，有一天，當他走出家門時，他成功地吹出了口哨。他非常驚訝，以至於他認為是被上帝附身了。一方面，這清晰地表明男孩內心的軟弱感；另一方面，他認為自己已經接近了上帝，這兩者有著密切的連繫。

這種優越感與鮮明的性格特徵有關。透過觀察，我們可以看到一個孩子全部的進取心。當這種對自我肯定的渴望變得異常強烈時，它也總是包含著嫉妒的成分。這種類型的孩子很容易養成一種習慣，即希望他們的競爭對手做各種壞事。這種想法通常會導致個體患上精神官能症，還會產生直接傷害，比如為對方製造出麻煩，甚至有時還會讓個體表現出犯罪的特徵。這樣的孩子透過誹謗、洩漏隱私和貶低他人來讓自己覺得自我價值得到了提升，尤其是當別人觀察他的時候。由於任何人都無法超越他，因此是自己升值還是其他人貶值對他來說都無關緊要。當對權力的渴望變得非常強烈時，權力就會以惡毒、報復的方式表現出來。這些孩子總是表現得好戰、挑釁，透過觀察他們的外表就可以發現，他們的眼睛裡充滿了凶狠，他們會突然爆發出憤怒，隨時準備著與假想的敵人進行戰鬥。對這些志在追求優越感的孩子來說，參加考試是極其痛苦的，因為這很容易暴露出來他們的無價值感。

這一事實表明，考試制度有必要適應孩子的心理發展特點。考試對每個孩子的意義並不相同。我們經常會發現，對那

第三章　追求優越感及其教育意義

些把考試當成一件苦差事的孩子來說，他們的臉色會紅一陣白一陣的，說話開始結巴、顫抖，他們會因為羞愧和恐懼而變得麻木，大腦一片空白。有些孩子只能和其他人一起考試，否則他們會認為自己被監視著，根本無法作答。兒童的優越感也會在遊戲中展現出來。在這一方面，擁有強烈的優越感的孩子不會在別人當駕駛者的時候，自己卻扮演馬的角色。他永遠只想讓自己當駕駛者，可以嘗試領導和指揮其他人。但是如果當他被過去的經歷所阻礙，不能承擔這個角色的時候，他就會去擾亂別人的遊戲。如果他遇到多次失敗，他的進取心就會受挫，之後再面臨任何新的狀況，他都會退縮，而不是勇往直前。

　　那些沒有受到挫折的、進取心強的孩子會表現出對各種競爭性遊戲的喜愛。但是面對失敗時，他們同樣會驚慌失措。通常可以從孩子喜愛的遊戲、故事、歷史人物中推斷出來他們對自我肯定的程度和方向。我們經常發現，有些成人非常崇拜拿破崙，而拿破崙是有進取心的人的典型代表。喜歡做白日夢、幻想自己狂妄自大的人往往具有一種強烈的自卑感，這種自卑感刺激受挫的人會在虛幻世界中尋找滿足感和陶醉感。類似的事情經常發生在夢中。

　　透過觀察，孩子們在追求優越感的過程中有不同方向，這些方向差異很明顯，我們對這些方向進行了分類。因為差異很大，且這些差異主要取決於孩子的自信程度，所以我們不能把

這種類型劃分得很精確。那些發展沒有受到阻礙的孩子，把這種追求優越感的努力指向有用的實現途徑。在學校裡，他們受到老師的喜愛，遵守學校秩序，表現正常。然而，根據我們的經驗，這些情況並不多見。

還有一些孩子想要超越他人，他們在努力超越的過程中表現出令人吃驚的強度，但這種方式並不恰當。在這樣的過程中，經常會誇大進取心，這很容易被人們忽視，因為我們習慣於把進取心看作一種美德，並激勵孩子進一步努力。這種觀念通常是錯誤的，因為太多的進取心會讓孩子產生一種緊張的狀態，孩子可以承受一時，但時間久了就會感到強烈的壓力。還有一些孩子可能花太多時間在家看書，那麼他的其他活動就會受到影響。這樣的孩子經常迴避問題，僅僅是因為他們渴望在學校裡名列前茅，所以在讀書之外的事情上不會多花一分心思。我們不能完全滿足於這樣的發展，因為在這樣的環境下，孩子的心理和身體都不能茁壯成長。

為了超越其他人而只把自己的時間安排在讀書上，這樣的方式並不最利於孩子的成長。我們要適當提醒孩子，要多到戶外去，要和朋友一起玩耍，要讓自己忙於其他事情，讓自己的生活更加豐富。

此外，還有一種有趣的現象，一個班裡經常會有兩個學生在默默地競爭。仔細觀察，我們會發現，這種互相競爭的孩子

第三章　追求優越感及其教育意義

偶爾會發展出不太討人喜歡的特點。他們會變得羨慕和嫉妒其他同學，這些特質當然不屬於獨立的、和諧的人格。當一些孩子領先的時候，他們會對其他孩子的成功耿耿於懷，開始出現神經性頭痛、胃痛等症狀。當另一個孩子受到表揚時，他們會退到一邊，而且他們永遠也不會主動表揚他人。這是一種嫉妒的表現，但這並不能很好地揭示孩子誇張的進取心。

這樣的孩子和他們的同學相處不好，因為他們想要成為所有事情的主角，不願意服從遊戲的組織和規則。結果經常是他們不喜歡與同學一起玩耍，對同學傲慢無禮。對他們來說，和同學的每次接觸都是不愉快的；接觸越多，他們就越相信自己的地位更加岌岌可危。這些孩子從來不自信，當他們感到自己處於不安全的氛圍中時，很容易感到慌亂。他們在來自他人和自己的雙重期望的壓力下喘不過氣來。

這類孩子也強烈地感受到家庭對自己的期望。他們帶著興奮和緊張的心情去完成擺在他們面前的每一項任務，因為他們總是有超越所有人，成為一個「閃閃發光的明星」的美好願景。他們感受到了寄託在自己身上的那些希望的重量，而且只有在環境有利的情況下，他們才會承受這種重量，並欣然承擔。

如果人類被賦予絕對的真理，能夠找到一個完美的方法使孩子們免於遭受這些困難，我們可能就不會有問題兒童。但是

我們沒有這樣一種方法,對孩子們必備學習條件的安排也不夠理想。顯然,這種對孩子飽含焦慮的期望是一件非常危險的事情。與那些擁有健康的進取心的孩子相比,他們之間所面臨的困難有很大的區別。這裡我們說的困難是指那些不可避免的困難。防止孩子遭遇困難是不可能的。一方面,我們的方法需要進一步轉變,眼前的方法並不適合於每個孩子;另一方面,孩子們的自信心被誇大的進取心削弱了,他們沒有勇氣去面對和克服困難。

擁有過於強烈的進取心的孩子只關心最終的結果,即對他們成功的認可。沒有外界的認可,成功本身就不會令人滿意。眾所周知,對一個孩子來說,當困難出現時,保持心理平衡比試圖立即克服這些困難要重要得多。一個被迫走上如此追求進取心道路的孩子是不知道這一點的,他覺得沒有別人的羨慕是不可能生活下去的。因此,很多人依賴他人的意見行事,過度在意他人的想法。

在價值問題上保持平衡是多麼的重要,這一點可以從那些出生時身體帶有先天缺陷的兒童的案例中得到證實。當然,這種案例也很常見。許多孩子左邊的身體功能比右邊發育得更好,這一事實通常鮮為人知。在以右撇子為主導的文明中,左撇子兒童有許多困難。因此,有必要使用某些方法來發現孩子是左撇子還是右撇子。我們發現,左撇子兒童在書寫、閱讀和

第三章　追求優越感及其教育意義

繪畫方面有特殊的困難，他們的手通常也很笨拙。要想知道一個孩子天生是左撇子還是右撇子，有一個簡單但不完全奏效的方法，就是讓孩子雙手交叉。左撇子兒童往往在交叉雙手時，左手拇指位於右手拇指之上。令人震驚的是，有那麼多的人是天生的左撇子，但他們卻從來沒有意識到這一點。

我們調查了大量的左撇子兒童，發現以下事實：首先，這些左撇子兒童通常很笨拙或行動很困難。當然，這在我們以右手為主導的世界看來並不奇怪。要了解這種情況，我們只需要想一想，當我們已經習慣了右撇子的交通方式時，在一個交通靠左的城鎮，如英國或阿根廷，試圖過馬路是多麼令人困惑。一個慣用左手的孩子在一個其他孩子都慣用右手的家庭中，他的處境更加糟糕。他的左撇子擾亂了家庭和他自己。當他在學校讀書寫作時，他發現自己低於班級的平均水準。由於大家不了解原因，這個孩子經常受到責罵，成績很差，而且還經常受到懲罰。這個孩子無法解釋他的情況，他會產生一種被束縛和低人一等的感覺，以及一種無法與別人競爭的感覺。在家裡，他也因為自己的笨拙而被責罵，這只會進一步加深他的自卑感。

當然，孩子不必把這些看作最終的失敗，但是確實有許多孩子在如此令人沮喪的情況下放棄了競爭而接受失敗。由於他們不了解實際情況，也沒有人告訴他們如何克服困難，他們就

很難繼續堅持。因為自己的右手從來沒有得到充分的訓練，所以他們字跡很潦草，難以辨認。但事實證明，這個障礙是可以克服的，因為人們發現，最好的藝術家和畫家中也有些人是左撇子，而且也可以在文字雕刻師中找到左撇子。儘管這些人天生慣用左手，但他們已經發展出僅透過訓練就能使用右手的能力。

有一種迷信的說法認為，所有右手受過訓練的左撇子都會變成口吃者。這種說法可以理解為：這些孩子在面對很大的困難時，他們可能會失去說話的勇氣。這也是為什麼在那些表現出其他形式沮喪的人（如精神官能症、自殺、犯罪、反常的人等）中，左撇子的數量如此之多。此外，人們經常發現，那些克服了左撇子的人在生活中也有不少人獲得了成功，而且這些人通常是在藝術界中。

不管左撇子的單一特徵看起來多麼微不足道，但它仍然教給我們一些非常重要的道理：在我們把一個孩子的勇氣和毅力提升到一定程度之前，我們無法判斷他的能力。如果我們嚇唬孩子，剝奪他們對更美好未來的希望，即使他們有能力堅持下去，也不會如我們希望的那樣成長。但是，如果我們鼓勵他們，增加他們對未來的勇氣，那麼這些孩子將能夠完成更多的事情，實現更多的成就。

進取心過度的孩子處境會很艱難，因為他們是根據外在的

第三章　追求優越感及其教育意義

成功來判斷自己,而不是根據面對困難和與困難對抗的態度來判斷自己。在我們當下的社會文化中,人們更習慣關心眼前的成功,而不是全面的教育。我們知道不費吹灰之力就能獲得的成功有多容易毀掉。因此,把孩子培養成雄心勃勃的人是沒有好處的。更重要的是,要培養孩子的勇敢、毅力和自信,讓孩子認知到面對失敗永遠不應該氣餒,而應該把失敗作為一個新問題去解決。如果一個老師能夠認知到孩子是否在一開始就付出了足夠的努力,以及孩子付出的努力能否成功,那麼這個孩子的處境肯定會容易得多。

因此,我們看到,追求優越感可以表現在像進取心這樣的性格特徵上。有些孩子對優越感的追求最初表現為充滿了雄心壯志,當其他的孩子已經取得了更大的進步時,他們便放棄了。許多老師為了激發那些沒有表現出進取心的孩子,會更加嚴格地要求這些孩子,或者透過對他們打低分來激發他們潛在的進取心。如果孩子還有一些勇氣未被泯滅掉,那麼這種方法有時還會起效。但是,不建議普遍使用這種方法。有些孩子在讀書上已經接近危險線,遠遠落後於其他的孩子,這種方式會把他們逼入更為艱難的處境。

另一方面,我們驚訝的是,孩子們在被溫柔、關心和理解性地對待後,常常表現出意想不到的智慧和能力。的確,在這種方式中得到改變的孩子經常表現出更大的進取心,因為他們

害怕回到之前的狀態。他們過去的生活方式以及過去缺乏的成就感，警示著他們，敦促他們不斷前進。以後的生活中，許多人表現得就像「中邪」一樣，夜以繼日地忙碌著，飽受過度工作之苦，並且認為自己做得永遠不夠。

當我們牢記個體心理學的主導思想，即每個人的人格（兒童和成人）都是一個統一的整體，並且總是按照他逐漸建立起的行為模式來表達自己時，以上行為的原因就顯得更加清晰。脫離了行為者的人格來判斷個體的單個行為是錯誤的，因為一個具體而單一的行為可以有多種解釋。當我們理解特定的行為或姿態時，判斷的不確定性立刻消失了。例如，拖延，我們把它理解為孩子對學校設置的任務不可避免的表現。這表示他不願與學校有任何聯繫，因此，他不肯理會學校的任何要求。事實上，他還會想方設法不遵守學校的要求。

從這個角度來看，我們可以看到「壞孩子」的全貌。我們看到的悲劇是，追求優越的努力不是表現為接受學校，而是表現為排斥學校。一系列典型的行為症狀相繼出現，甚至更加無可救藥。孩子可能會像個小丑一樣。他會經常用惡作劇來逗笑別人，或者想盡辦法來惹惱同學，或者逃學，整日和「壞同學」在一起。

因此，我們看到，孩子的命運和他們個人未來的發展都掌握在我們的手中。學校的教育和培養在相當程度上決定了個人

第三章　追求優越感及其教育意義

未來的生活。學校處於家庭和社會生活之間，它有機會矯正家庭教育中形成的錯誤的生活方式，它有責任為孩子適應社會生活做準備，並確保孩子在社會的和諧模式中和諧地發揮他的個人價值。

當我們從歷史的角度來看待學校的角色時，就會發現學校總是根據各個時代的社會理想來培養個體。如今，社會理想已經變了，學校也必須做出相應的改變。因此，如果當今社會理想的成人是以獨立、自主和勇敢等特點為典範，學校就必須進行相應調整，以便培養出接近這種理想特徵的人才。

換句話說，學校不能把自己的發展視為教育為目的，而是要謹記，個體是為了社會發展而接受教育，並非是為了學校。因此，我們不能忽視那些已經放棄學校的「壞學生」。這些孩子不一定沒有追求優越感的能力。他們只是更加關注更有把握做到的事情，無論對錯，至少可以更接近成功。這可能是因為他們在早年無意識地訓練自己從事其他活動。因此，雖然他們可能不會成為傑出的數學家，但他們也許能在體育運動中脫穎而出。教育者不應該忽視任何這種類型的顯著成就，反而應該以此為出發點，鼓勵孩子在其他領域有所進步。當教育者從一個令人鼓舞的小成績開始，讓孩子相信他在其他方面也能同樣成功時，教育者的任務就容易多了。可以說，教育者在引導孩子從一個領域的成功進入另一個領域的成功，就像是引導孩子從

一個富饒的牧場到另一個牧場。所有的孩子都有成功的潛力，所以需要克服的只是人為製造的障礙。這種障礙來自抽象的學校表現，如學業成績，而不是以教育和社會最終的目標作為判斷的基礎。對孩子來說，這種障礙反映在缺乏自信上，結果就是，孩子以錯誤的方式追求優越感，並可能導致那些有益的活動被中斷。

在這種情況下，孩子會做什麼？他想到了逃避。我們經常會發現他表現出某種特性，這種特性並沒有得到老師的讚揚，但卻可能引起老師的注意，或者只是在表現出無禮或固執時才引起其他孩子的欽佩。這樣的孩子，由於他有引起騷亂的能力，所以他經常把自己當成「英雄」。

儘管這種心理表現和行為偏差是在學校裡顯現出來的，但其起源不能完全追溯到學校。學校除了有正面的教育和糾正的使命之外，它也是一個試驗地，在那裡，早期家庭教育的缺陷也會被暴露出來。

一個好的、細心的老師，能夠在孩子上學的第一天觀察到許多特徵。很多孩子一開始就表現出嬌生慣養的特徵，新環境（學校）讓他們感到痛苦和不愉快。這樣的孩子沒有與人交往的經驗，也很難獲得友誼。但交友能力卻是很重要的。一個孩子如果把一些如何與他人建立連繫的知識帶進學校是更好、更可取的，他不能只依賴一個人而排斥其他所有人。家庭教育的

第三章　追求優越感及其教育意義

缺陷必須在學校被糾正。一個在家裡嬌生慣養的孩子不可能突然能夠集中精力讀書。這樣的孩子不專心，他寧願待在家裡而不願意上學。事實上，他還沒有「學校的意識」。我們很容易在他身上發現厭惡上學的跡象。因此，父母不得不哄孩子早上起床，必須不斷地敦促他做事情，會發現他在早餐時磨磨蹭蹭等等。似乎這樣一個孩子已經形成了一個無法踰越的障礙來阻止他進步。

治癒這種情況的方法和治療左撇子的方法是一樣的：我們必須給這些孩子時間去學習，我們不能在他們上學遲到時懲罰他們，因為這樣只會增加他們對學校的厭惡。在孩子看來，這樣的懲罰強化了他們不屬於學校的感覺。當父母為了強迫孩子上學而鞭打孩子時，孩子不僅不想上學，還會想方設法來抗爭。當然，這些是逃避的方法，而不是真正面對困難的方法。厭惡學校、無法應付學校裡的問題，都表現在孩子的一舉一動中。他們永遠不會把自己的書放整齊，總是忘帶或弄丟。當一個孩子養成忘記帶書和丟書的習慣時，我們可以肯定他百分之百不喜歡上學。

仔細觀察這些孩子，你會發現他們幾乎無一例外地對在學校取得任何成績都不抱希望。這種自我貶低並不完全是他們自己的錯，環境也對他們有很大的影響。他們的家人在非常憤怒時會斷言他們沒有未來，說他們愚蠢至極或者一無是處。而當

這些孩子在學校時，他們遭遇的挫敗經歷似乎也證實了家人的這些指責。他們缺乏判斷和分析的能力來糾正別人的誤解，他們的家長通常也缺乏這種能力。因此，他們不戰而退，認為自己不可能踰越失敗的障礙，因此更加自卑。

情況通常是這樣的，孩子一旦犯了錯誤，就很難被糾正。這些孩子儘管非常努力地向前邁進，但卻依然落後，於是他們很快就放棄了努力，轉而編造不上學的藉口。曠課是最危險的行為之一，也是最嚴重的行為之一，曠課的懲罰通常是嚴厲的。因此，孩子被迫無奈地採取狡詐和歪曲的手段來逃避懲罰。還有一些途徑可以把他們進一步引向惡行。他們在家偽造筆記、偽造成績單，編造謊言，假想他們在學校做的所有事情，但事實上卻是他們已經有一段時間沒去過學校了。因此，他們還得在上學的時間段裡找個地方躲起來。毫無疑問，他們通常會在這些隱藏的地方發現其他逃學的孩子。因此，即使在曠課後，他們仍然執著於追求優越感。這促使他們採取進一步的行動，甚至觸犯法律。他們越陷越深，最終走向了犯罪的深淵。他們開始拉幫結派、偷竊、學習不良的性行為，他們覺得自己已經長大了。

他們已經邁出了一大步，而且還在為滿足自己的野心尋找更多的「獵物」。由於這些行為暫時沒有被人發現，這讓他們覺得自己所犯下的罪行非常巧妙。這也就解釋了為什麼那麼多

第三章　追求優越感及其教育意義

的孩子不願放棄他們的犯罪生活。他們之所以想在犯罪這條道路上走得更遠，是因為他們認為自己在其他任何方向上都不可能取得成功。他們排除了一切可能刺激他們從事有益活動的東西，其野心不斷受到同伴行為的刺激，驅使他們採取新的反社會行為。沒有人會發現一個有犯罪傾向的孩子，同時又非常自負。這種自負的根源和進取心是一樣的，它迫使孩子不斷以某種方式突出自己。當他不能為自己創造一個在生活中有助益面的位置時，他就會轉向對生活無益的一面。

曾經有一個男孩殺死了他的老師。如果我們仔細研究這個案例，就會發現這個男孩有著上述的所有特徵。這是一個在家庭教師的指導下成長起來的男孩，因為家庭教師相信自己了解關於心理生活的表達和功能等一切知識，所以男孩在一個小心翼翼但過於緊張的氛圍下長大。不出所料，這個男孩逐漸對自己失去了信心，他過度的進取心逐漸衰弱，甚至化為徹底的沮喪。生活和學校沒有滿足他的期望，所以他開始走上犯罪的道路。他以此來擺脫教育者和兒童指導專家的控制，但由於社會還沒有將犯罪，特別是青少年犯罪，當作糾正心理錯誤的教育問題來對待，因此教育專家也無法拯救他。

在老師、牧師、醫生和律師的家庭中，我們經常會發現一些任性的孩子，這是很多接觸過教育學的人都很熟悉但又感到奇怪的一個事實。無論教育者的專業地位是高是低，儘管具有

專業權威，但他們似乎無法在自己的家庭中實現和平與秩序。我們可以這樣理解這種現象：在所有這些教育者的家庭中，兒童某些重要的觀點要麼完全被忽視，要麼沒有被理解。例如，身為教育者的父母透過其假定的權力試圖強加給孩子家庭的嚴格規章制度。父母太嚴厲地壓迫自己的孩子，威脅他們的獨立性，甚至經常剝奪他們的獨立權。這類父母似乎激起了孩子的一種情緒，迫使他們對這種壓迫進行報復，這種情緒根植於他們被父母打罵的記憶之中。

不可忽視的是，刻意的教育會引起孩子異常敏銳的觀察，孩子會過於在意自己的行為。儘管在相當程度上，這是一個很大的優勢，但對孩子來說，這往往會導致孩子想要一直處於被關注的中心。他們把自己看作一個展示性的實驗品，把父母看作負責任和有決定力的一方。因此，父母必須對他們負責，照顧他們的日常生活，解決他們所有的困難，孩子自己不需要負任何責任，只管表現自己。

第三章　追求優越感及其教育意義

第四章
引導追求優越感的努力

我們已經看到,每個孩子都有追求優越感的渴望。父母或教育者必須將孩子的這種努力引向一個富有成效且有用的方向,並且必須確保奮鬥能帶來精神上的健康和幸福,而不是精神官能症和混亂。

如何做到這一點?區分追求優越感的方向是否有用的表現基礎是什麼?答案就是,個體的行為是否符合社會的利益標準。任何人所取得的任何成就,從事的任何有價值的事情,都不可能與社會無關。如果回顧那些在我們看來高尚、崇高和有價值的偉大事蹟,我們將會看到,這些事蹟不僅對行為者個人有價值,而且對整個社會都有價值。因此,對兒童的教育必須組織得井然有序,以使兒童能夠認知到社會情感或擁有社群團結的意識。絲毫不理解社會情感慨念的孩子會成為問題兒童,因為他們追求優越感的方向偏離了社會標準,沒有被引向有益的方面。

的確,究竟什麼是對社會有用的,人們的意見分歧很大。然而,有一件事是可以肯定的,那就是我們可以根據一棵樹所

第四章　引導追求優越感的努力

結下的果實,來判斷這棵樹長得如何。任何特定行為的結果都將表明它對社會是否有用。這意味著我們必須將時間和影響考慮在內。最終,個體的行為必須要符合現實的邏輯,其與社會的符合程度也將表明該行為是否與整個社會的需求相關。事物的普遍結構及其價值的標準,個體行為與這一標準是否相符,早晚會有定論。幸運的是,在日常生活中,我們並不需要經常使用複雜的判斷技巧來進行判斷。至於社會變遷、政治傾向等,其影響我們更是無法清楚預見,因此這類活動還有爭議的餘地。即使這樣,無論是在個體的生活中還是在民族的生活中,這些影響最終都表明某些行為是否有用及真實。

　　從科學的角度來看,我們不能絕對地稱某樣事物對所有人都是有益的或者無價值的,除非它是一個絕對的真理,或者是對生活問題提出的正確解決方案。但生活問題受地球、宇宙和人類等相互關係的邏輯所制約,客觀條件和天地萬物就像一個個數學難題擺在我們面前,這些問題本身就有它的答案,儘管我們並不總是能夠解決這些問題,也只能根據問題的數據來檢驗解決方案是否正確。遺憾的是,有時檢驗答案是否正確的機會來得太晚,以至於我們錯失了糾正錯誤的最佳時機。

　　那些沒有從邏輯和客觀的角度來看待自己生活結構的人,在相當程度上是因為他們不理解自己行為模式的連貫性和一致性。當一個問題出現時,他們感到非常慌亂,但是又沒有去解

決這個問題，而是認為自己選錯了方法，這個方法讓他們遇到了問題。就兒童而言，當他們偏離正確的軌道時，他們僅僅因為不了解問題的重要性，而不能夠從錯誤的問題經驗中吸取正面的教訓。因此，有必要教會孩子如何看待自己的生活，不要把生活看成一系列不相關的事件，而要把它們看成是貫穿於自己生活的一條連續不斷的線，貫穿了生活中所有的事件。任何事情的發生都與人一生的脈絡有著千絲萬縷的連繫，一件事情需要用過去發生過的一切來解釋。當一個孩子了解了這一點，就會明白為什麼他會誤入歧途。

　　在進一步討論追求優越感的正確方向和錯誤方向兩者的區別之前，最好先討論一下似乎與我們的一般理論相矛盾的行為——懶惰。從表面上看，這種行為好像與所有孩子天生就追求優越感的觀點相矛盾。現實中，人們總是責罵一個懶惰的孩子不追求優越感，沒有進取心。但是，如果我們更仔細地觀察這個懶惰的孩子，就會意識到之前的那種看法是錯誤的。懶惰的孩子具有某些特殊的優勢，例如，他不因別人對自己的期望而感到有負擔。在某種程度上，即使自己沒有取得特別多的成就，他也可以不用愧疚。即使人人都覺得他不努力，認為他總是一副漫不經心的、懶惰的態度，然而，由於懶惰，他經常成功地引起父母更多的關注，因為他的父母發現有必要隨時監督他。當我們想到有多少孩子試圖不惜一切代價在最顯著的位

第四章　引導追求優越感的努力

置占有一席之地時，就能明白為什麼有些孩子會透過懶惰的方式來引人注目。

然而，這並不是對懶惰的一種完整的心理解釋。有許多孩子採取懶惰的態度來緩解他們的處境。他們總是將表面上的無能和缺乏成就歸咎於懶惰。很少聽到人們責罵這些懶惰的孩子沒有能力，相反，他們的家人通常會說：「如果他不這麼懶，還有什麼做不了？」孩子們滿足於這樣一種認知，即只要自己不懶惰，他們就能完成一切。這對缺乏自信的孩子來說是一種自我安慰，它是成功的替代品。不僅對兒童如此，對成人也是如此。「如果我不懶，我有什麼不能做？」這種想法平息他們失敗的感覺。當這些孩子真的做了一些事情時，他們的小舉動在家長眼裡就顯得格外重要。一個不重要的成就與他們以前普遍缺乏成就形成某種對比，因此他們輕易得到了表揚，而其他一直很積極的孩子反而在取得更大成就時得到的認可較少。

因此，我們可以看出，在懶惰中隱藏著一種不可理解的交際手腕。懶惰的孩子就像走鋼索的人，當然鋼索下面有安全網，即使從鋼索上掉落，他們也可以輕輕地落在安全網上。對懶惰孩子的批評比對其他孩子更溫和，他們的自信心受到的傷害也就更少，因為總是被人認為「懶惰」比被人認為自己「缺乏能力」所受到的傷害更輕一些。簡而言之，懶惰成為孩子隱藏自己缺乏自信的一個屏障，阻止他們去嘗試解決自己所面臨的問題。

如果我們認真思考當前的教育方法，就會發現這些方法完全符合懶惰孩子的願望。因為越責罵懶惰的孩子，他就越接近自己的目的，即獲得更多的關注。總是有人在監督他，父母的責罵轉移了對他能力問題的關注，從而滿足了他想要獲取更多關注的願望。這和懲罰的作用是一樣的。那些認為可以透過懲罰懶惰的孩子來治癒其懶惰行為的老師總是很失望，因為懲罰不能使懶惰的孩子變得勤勞。

如果個體的行為發生了轉變，那麼這可能是由於環境的變化引起的。例如，當這樣的孩子獲得了意想不到的成功時，或者當一個嚴厲的老師換成一個更溫和的老師時，這個老師會理解孩子，認真地和孩子交談，給孩子鼓勵和勇氣，而不是削弱孩子僅有的一點勇氣。在這種情況下，從懶惰到積極的行為轉變有時會出人意料地出現。因此，會有一些孩子在入學後的第一年非常落後，但是當換到一所新學校時，他們卻會表現得異常勤奮。

有些孩子沒有採取懶惰的方式來逃避，而以裝病來逃避事件。有些孩子在考試時異常興奮和緊張，因為他們覺得緊張會引起老師對自己更多的關注。愛哭的孩子也表現出同樣的心理，哭泣和緊張都是孩子們對特權的訴求。

與此類似的還有那些因為某些缺陷而需要特殊照顧的孩子，比如口吃的孩子。和孩子頻繁接觸的人會注意到，幾乎所

第四章　引導追求優越感的努力

有的孩子在開始說話時都會有輕微的口吃傾向。我們知道，語言的發展受到許多因素的影響，但主要是社會感情的因素。有社交意識的孩子更想要與其他同伴交際，他們也會比那些迴避他人的孩子更快、更容易學會說話。甚至在有些情況下，語言是多餘的活動。例如，對一個受到過度保護和寵愛的孩子來說，在他自主表達願望之前，他的每一個願望都被預知並實現了（對聾啞兒童來說也是如此）。

如果孩子在四五歲之前沒有學會說話，父母就開始擔心孩子是聾啞兒童。但他們很快發現，孩子的聽力很好，這當然就排除了聾啞的假設。另一方面，我們可以觀察得知，孩子實際上生活在一個說話是多餘的環境中。他可以毫不費力地得到自己想要的東西，正如我們所言，這樣的孩子就沒有說話的衝動，因此才會在很晚的時候學會說話。語言是孩子追求優越感和發展方向的象徵，孩子必須透過說話來表達優越感，不管這種表達是透過他的話語為家人帶來歡樂，還是幫助他滿足自己的日常需求。當這兩種形式的表達都無法存在時，孩子自然會在語言發展的道路上遭遇挫折。

還有其他的語音缺陷，比如某些子音發音困難，如 r、k 和 s。這些缺陷都是可以矯正的。因此，有很多成人口吃、口齒不清或說話含糊不清，我們就要注意他們是否存在心理問題。

大多數孩子長大後不再口吃，只有一小部分孩子必須接受

治療。治療過程中所涉及的內容可以從一個十三歲男孩的案例中得以說明。這個男孩在六歲時接受醫生治療。治療持續了一年，沒有成功。接下來的一年，男孩沒有尋求專業的幫助。又一年過後，另一位醫生的治療再次失敗。第四年，他還是沒有接受什麼治療。在第五年的前兩個月裡，他被委託給一位語言醫生，病情反而又惡化了。過了一段時間後，他被送到一個專門研究語言缺陷的機構。這次的治療持續了兩個月，暫時成功，但是六個月後又復發了。接下來的八個月裡，他一直在接受另一位語言醫生的治療。這一次，情況依舊沒有任何改善，而是逐漸惡化。醫生又試了一次，但還是沒有成功。第二年夏天，他的情況有所好轉，但假期結束時，他又回到了老樣子。

大部分治療內容包括讓男孩大聲朗讀、慢速說話、反覆練習等。有人指出，某些形式的興奮可以產生暫時的效果，改善病情，但很快又會復發。這個男孩沒有任何的器官缺陷，但是在很小的時候，他曾從兩層樓的高度上摔下來，因此導致了腦震盪。

這個男孩的老師認識他一年了，老師形容他是「一個有教養、勤奮的小夥子，容易臉紅，而且有點易怒」。據老師介紹，法語和地理是這個男孩最難掌握的科目。考試時，他會特別緊張。說到他的特殊興趣，老師注意到他對體操等運動以及技術性工作很有興趣。這個男孩沒有表現出任何領導者的氣

第四章　引導追求優越感的努力

質，和同學相處得很好，但偶爾和弟弟吵架。他是左撇子，一年前，他的右側臉部曾因中風而發生過面癱。

談到這個男孩的家庭環境，他的父親是一個商人，非常神經質，經常在兒子口吃時嚴厲地責罵他。儘管如此，這個男孩還是更害怕他的母親。家裡還有一位家庭教師，因此他很少有自由時間。他相當懷念自己擁有自由的日子。他還認為媽媽對自己不公平，因為她更喜歡弟弟。

基於以上事實，我們可以給出以下解釋：男孩的臉紅是緊張的跡象，當他必須進行社交活動時，緊張就會加劇。可以說，這是造成他口吃習慣的一個原因。即使是他喜歡的老師，也沒有辦法成功治癒他的口吃，因為口吃已經機械化地融入了他的行為系統，以此表達他對其他人的厭惡。

我們知道造成口吃的原因不在於外部環境，而在於口吃者感知外部環境的方式。他的易怒心理特徵很明顯。他不是一個被動的孩子，他對認可和優越感的追求表現在易怒上，就像大多數個性軟弱的人一樣。缺乏自信的另一個證明是，他只和自己的弟弟吵架。臨近考試會越來越緊張，是由於他擔心自己不會通過考試，覺得自己不如別人。他的自卑感特別強烈，這種自卑感將他追求優越感的努力引向了一個錯誤的方向。

由於家裡的環境不如學校好，男孩很樂意去上學。在家裡，弟弟是眾人關注的焦點。他口吃的原因不是器質性（organic）的創傷或恐懼，但這兩種原因都可能使他喪失了勇氣。弟弟的出生使他在家庭中的地位發生了變化，他被置於家庭裡邊緣的位置，這對他產生了更大的打擊。

除了口吃，還有一個很重要的問題。這個男孩在八歲之前一直尿床，這種症狀大部分出現在那些最初被寵壞、被嬌生慣養、後來被「廢黜」的孩子身上。尿床是一個明顯的跡象，表明他甚至到晚上都在爭取吸引母親的注意。這個跡象表明孩子不能適應被單獨留下、被母親冷落的情況。

這個男孩的口吃可以透過鼓勵和教育他如何獨立來治癒。他必須獨立地完成自己的任務，並從中獲得信心。承認弟弟的到來引起了這個男孩的不愉快，現在他必須明白嫉妒是如何使他走上歧途的。

關於口吃的症狀還有很多需要說清楚的。很多口吃者在生氣的時候會罵人，但他們在罵人的時候卻沒有一絲口吃的症狀。此外，年紀較大的口吃者在背誦或戀愛時經常表達得很完美。這些事實表明，口吃的決定性因素在於口吃者與他人的關係。當孩子必須在自己和他人之間建立連繫時，或者必須透過語言來表達時，這種對抗才會引發孩子的緊張。

當一個孩子毫無困難地學會說話時，沒有人會注意到他的進步。但是當一個孩子表現出說話困難的情況時，家裡就不會再提其他事情，口吃成為家裡注意力的中心，家庭就會以這

第四章　引導追求優越感的努力

個孩子為重心,結果當然是孩子更注意他的講話,並開始有意識地控制自己的表達,這是正常說話的孩子不會做的事情。我們知道,對於那些本應該自主執行的功能,有意識地控制反而會導致對功能的限制。梅林克的童話故事《癩蛤蟆的逃脫》就是經典的例子,癩蛤蟆遇見一隻千足蟲,並立即開始讚美這種非凡的動物的能力。癩蛤蟆問:「你能告訴我,你走路時,先移動你的一千條腿中的哪一條,然後再按什麼順序移動另外九百九十九條腿嗎?」千足蟲開始思考並觀察自己腿部的運動,在這個過程中,牠也糊塗了,乃至一條腿也不能動。

雖然有意識地控制生活過程很重要,但是試圖控制每種行為是有害無益的。只有當我們能夠將創作這些作品所必需的身體動作自動化時,我們才能創作出真正的藝術作品。

口吃習慣對孩子未來的可能性也許會產生災難性的影響,即使有家人的同情和特別關注,孩子在成長的過程中也要面對口吃帶來的明顯缺陷。儘管如此,仍然有許多人尋找藉口,而不是尋求改善狀況。父母和孩子可能都對未來沒有信心。口吃的孩子特別依賴他人,並透過各種努力將表面上的劣勢轉化為優勢。

巴爾札克(Balzac)的一個故事告訴我們人是如何把顯而易見的缺點轉化為優點的。兩個商人試圖在交易中占對方的便宜,正當他們討價還價的時候,其中一個人開始結巴起來,另

一個人非常驚訝地注意到，口吃者贏得了足夠的時間來思考，然後才表明自己的觀點。他迅速地尋找反擊的對策──突然間，他開始裝作聽不見任何聲音了。口吃者立刻處於不利的地位，因為他必須努力讓對方聽到。這樣一來，雙方便重新扯平了。

我們不應該像對待罪犯一樣對待口吃者，儘管他們有時使用這種機制來為自己贏得時間或讓他人等待。口吃的孩子應該受到鼓勵，更應該受到溫和的對待。只有透過善意的啟蒙，增強孩子的勇氣，才能成功治癒孩子的口吃。

第四章　引導追求優越感的努力

第五章
兒童的自卑感

　　每個人都有追求優越感和自卑感的本能,這兩者密不可分。我們努力追求優越感是為了克服自卑感。一般程度的自卑感對個體心理上的影響並不大,除非是個體追求優越感的機制受到阻礙,或者由於生理問題加深了個體的自卑感,這種自卑感使個體難以忍受。之後,這種難以忍受的自卑感會形成一種自卑情結,它會使個體尋求一種輕易獲得的補償和表面上的滿足,同時又透過誇大障礙和削弱勇氣來阻礙通往成功的道路。

　　在這方面,讓我們再看看之前那個患有口吃的十三歲男孩的案例。正如我們所見,他的沮喪在一定程度上導致了他的口吃,而口吃又反過來加劇了他的沮喪。這就是神經質的自卑情結帶來的惡性循環。男孩想要把自己隱藏起來。他已經放棄了生活的希望,甚至可能會有自殺的想法。口吃已經成為他生活模式的表現和延續。他的這種行為給他周圍的人留下了深刻的印象,使他成為關注的焦點,從而緩解他的心理壓力。

　　男孩為自己設定了一個過於高遠的錯誤目標,那就是想要出人頭地。為了爭取人們對自己的讚賞,他必須表現出和善與

第五章　兒童的自卑感

合群，生活學習有條不紊。最重要的是，他必須找一個託詞，以防備可能會體驗到的失敗，而這個託詞就是口吃。這個男孩的案例之所以非常重要，是因為在絕大多數情況下，他的生活都是朝向有益的方向發展的，只是在某一方面，他的判斷力和勇氣逐漸被削弱。

當孩子缺乏對成功的信心時，他們就會使用很多的「武器」來保護自己，口吃當然只是其中之一。這些使人灰心喪氣的「武器」就像大自然賜予動物的爪子和犄角，可以用來保護自己。我們不難看出，它們是如何從孩子的弱點中產生的，孩子若是沒有這些保護性的「武器」，就難以應付生活的絕望。更值得注意的是，孩子有多少東西可以當作保護自己的「武器」。有些孩子的唯一「武器」就是不會控制自己的大小便，這表明他們希望自己還能像一個嬰兒一樣，也就是希望自己可以不用做事，沒有痛苦地生活。事實上，孩子的腸子或膀胱很少有什麼生理上的缺陷。他們只不過想利用這些手段喚起父母或教育者的同情，儘管這些手段有時會招致同伴的嘲笑。因此，這種表現不應該被視為一種疾病，而應被視為一種自卑感的表現，或者是一種危機四伏的追求優越感的表現。

可以想像，口吃的症狀可能是從一個非常小的心理問題開始的。這個男孩很長一段時間都是獨生子，他的母親一直忙於照顧他。隨著年齡的成長，他可能覺得自己沒有得到足夠多的

關注，而且他的表達受到了限制。他由此發現了一個新的手段來吸引人們對自己的關注。他注意到，當他說話的時候，人們會觀察他的發音。因此，透過口吃，他能夠為自己爭取一些時間和注意力，否則這些時間和注意力會被投注到弟弟身上。

在學校裡也是如此。因為口吃，老師也會把很多時間投注到他的身上。他能夠在家裡和學校扮演獲取優越感的角色，並得到了像自己所渴望的好學生應享有的關注和讚譽。當然，他無疑是個好學生，但無論如何，獲得更多的關注對他來說都變得容易多了。

另一方面，因為口吃，老師對他更寬容了，但這並不是一個值得推薦的方法。當這個男孩沒有得到他想要的關注時，他受到的傷害就要比其他孩子更多。事實上，隨著弟弟在家族的出現，男孩在家庭中的地位出現了變化，而他的這種獲得他人關注的方式成了一個令人頭痛的話題。與普通孩子不同的是，他從未培養出對其他事物的任何興趣。在家裡，他只依賴母親，並排斥他人。

在治療這些兒童時，首先，要增加他們的勇氣，讓他們相信自己的能力，對自己有自信。其次，以同情的態度與這些孩子建立友好關係，而不是用嚴厲的手段嚇唬他們，這是非常有價值的，但做到這一點還遠遠不夠。在與孩子友好相處的過程中，必須經常鼓勵他們，督促他們不斷進步。最後，還需要讓

第五章　兒童的自卑感

　　孩子更加獨立，透過各式各樣的方法，讓他們對自己的心理和身體的能力充滿信心，從而讓他們相信，自己可以透過勤奮、毅力、實踐和勇氣獲得成就。

　　兒童教育中最嚴重的錯誤就是，父母或教育者斷言那些誤入歧途的孩子前途無望，會有一個糟糕的未來。這種愚蠢的判斷會使情況變得更加糟糕，因為這會使孩子更加懦弱。相反，我們應該樂觀地激勵孩子。正如維吉爾所說的那樣：「我相信我可以。」

　　永遠不要相信，我們可以透過嘲笑或羞辱一個孩子來影響他，從而真正改善他的行為，即使有一些害怕被嘲笑的孩子似乎改變了自己的行為。這種嘲笑很不恰當，比如下面的這個案例。有一個男孩，因為他不會游泳，所以經常被朋友們嘲笑。最後，因為無法忍受這種嘲笑，他從跳板上跳進了深水裡。人們費了好大的力氣才將他從水中救了出來。一個懦弱的人為了挽回丟掉的面子，通常會做一些出格的事情，但這些行為有時並不可取。正如我們從剛才提到的案例中看到的那樣，這往往是用一種懦弱、無用的方式來展現男孩對優越感的追求。男孩害怕的事情在於他不敢承認自己不會游泳，因為那樣會使他失去他在朋友心目中原有的地位。他不顧一切地跳進水裡，並沒有消除他的怯弱，反而強化了他不願意面對事實的懦弱的心理傾向。

懦弱的本質經常會破壞人們之間的人際關係。一個總是過於擔心自己，以至於不能為別人著想的孩子，甚至會以犧牲他人為代價來獲得利益。因此，怯懦只會帶來個人主義和好鬥的態度，這種態度消除了社會情感，但遠未消除對他人看法的恐懼。懦夫總是害怕被人嘲笑、忽視或貶低。因此，他總是受制於別人的意見。他就像生活在一個充滿敵意的王國中，養成了懷疑、嫉妒和自私的性格特質。

這種懦弱類型的孩子會變得挑剔和愛嘮叨，不願意表揚別人，如果看到別人被表揚，他們還會心懷怨恨。因此，若一個人不是透過自己的成就來超越別人，而是透過貶低別人來超越他人，那就是軟弱的表現。發現兒童的這些症狀，並幫助這些兒童消除他們對人的敵意，是我們不可推卸的教育任務。當然，如果我們沒有發現這一症狀，也就無法幫助他們糾正由此產生的不良性格特質。為了讓孩子與生活和諧相處，我們需要向他展示他的錯誤，並向他解釋為什麼不能在不努力的情況下獲得聲望，這樣我們也能知道要在什麼方向上努力為孩子解決問題。我們必須加強孩子們彼此之間應該有的友好感情，也必須教導孩子們不要因為別人得了不好的分數或做錯了事而瞧不起別人，否則他們會感到自卑，喪失勇氣。

當一個孩子對未來失去了自信，那他就會逃避現實，在生活中透過消極無用的方式建立起一種補償性的努力。教育者最

第五章　兒童的自卑感

重要的任務和最神聖的職責，就是確保孩子在學校裡不會喪失信心，以及幫助那些在進入學校之前就已經喪失自信的孩子重拾自信。這與教育者的使命密切相關，因為只有孩子對未來充滿希望和憧憬，教育才是有意義的。

在那些有進取心的孩子身上，有時會出現一種暫時性的灰心喪氣。儘管他們正在取得進步，但有時也會因為學業考試或職業選擇而失去信心。還有一些有進取心的孩子，經常會因為在考試中沒有獲得第一名而放棄努力，甚至在不知不覺中突然爆發醞釀已久的衝突，可能會表現為完全不知所措，或焦慮性精神官能症。這樣的孩子，如果他們的灰心喪氣沒有及時地被糾正，那麼他們總是會在做某些事情的時候有頭無尾；當他們長大後，他們會頻繁地換工作，因為害怕失敗，所以從不相信任何事情會對他們有好的結果。

孩子的自我評價也很重要。然而，若想透過詢問一個孩子來了解他對自己的真實看法是不可能的。無論我們如何委婉地詢問，我們都得不到明確肯定的答案。有些孩子會說他們認為自己很重要，還有些孩子會說自己一文不值。透過對後者的調查往往會發現，他們周圍的成人經常對他們說「你真是一文不值」或「你真笨」。

很少有孩子在聽到如此嚴厲的責備後不受到傷害。然而，還有一些人透過貶低自己的能力來保護自己。

既然不能只通過詢問來讓我們了解孩子對自己的判斷，那麼，還可以透過觀察孩子處理問題的方式進行判斷。例如，他是表現得非常自信、非常果斷，還是表現得像那些灰心喪氣的孩子一樣總是猶豫。這可以透過一個例子來說明。一個孩子在開始遇到問題時往往勇敢面對，但是越接近目標，他就會越放慢腳步，猶豫不前。這些孩子有時被認為很懶惰，有時被認為是心不在焉。這兩種描述可能不同，但結果是一樣的。孩子並不像我們期望的那樣處理事情，而是總被各式各樣的障礙占據精力。有時候，一個孩子可以很成功地愚弄自己的長輩，以至於他誤認為自己的長輩缺乏能力。當我們掌握整個情況之後，並用個體心理學的原理來闡明它時，我們發現這些孩子的問題根源都是缺乏信心，即他們低估了自己。

當我們探討一種錯誤的追求優越感的行為時，我們需要謹記，一個完全以自我為中心的人是社會中的另類。人們經常看到有些孩子因為對優越感的過度追求而不考慮其他人。這些孩子是敵對的、違法的、貪婪的和自私的。當他們掌握一個祕密時，他們總是用這個祕密來傷害別人。

但是，在那些行為最惡劣、最應受譴責的孩子中，我們發現了一個明顯的人類天性，即他們在某種程度上仍然有人類情感。儘管他們缺乏合作意識，缺乏社會情感，但其自我與周圍世界仍然有所關聯，並以某種形式表現出來。所以，我們必

第五章　兒童的自卑感

須找到那些隱藏著的自卑感的表達形式。這些表達形式多種多樣。例如，它們可能表現為孩子的一個眼神。眼睛不僅是接收光線、傳導光線的器官，而且還是人際交流的器官。一個人注視另一個人的方式，就表明了他與這個人之間的關係程度。這就是為什麼所有的心理學家和作家都如此強調人的眼神。透過對方看我們的眼神，可以判斷對方對我們的看法，我們試圖從對方的眼神中發現其靈魂的一部分。儘管這種方式可能會做出錯誤的判斷或產生誤解，但從孩子的眼神中可以更容易判斷他是否友好。

眾所周知，那些不能直視成人的孩子容易受到懷疑。這些孩子並非一定是感到內疚或者品行不端正的孩子，可能只是意味著他們試圖避免與另一個人眼神的接觸，無論這個接觸是多麼短暫。這也表明這些孩子試圖從他的同伴交際群體中退出。當你和一個孩子打招呼時，他和你之間的距離也是一種暗示。許多孩子都會保持一定的距離，這是因為他們想先弄清楚事情的原因和狀況，只有在覺得必要的時候才會靠近。他們認為密切接觸會引起懷疑，因為他們有過一些不太好的經歷。這些經歷會讓他們以偏概全，他們也會錯誤地推廣使用這些經驗。同樣有趣的是，一些孩子喜歡依靠在母親或老師身上。其實，孩子更願意依靠的那個人比他嘴上說的最愛的那個人更重要。

有些孩子在走路的時候昂首挺胸，說話十分堅定，從不膽

怯，表現出一種明顯的自信和勇氣。有些孩子在和他人說話時會退縮，這立刻暴露出他們的自卑感，以及不能應對處境的那種膽怯。

在調查自卑感時，許多人認為它是天生的。反對這種觀點的人認為，許多孩子無論多麼勇敢，都可能受到驚嚇。膽小的父母生出膽小的孩子，並不是因為遺傳，而是因為孩子是在充滿恐懼的氛圍中長大的。家庭的氣氛和父母的性格特徵對孩子的成長至關重要。在學校獨來獨往的孩子，通常他們的家庭也很少與他人交往。因此，人們很容易聯想到可能是遺傳，但這是一個被推翻的理論。器官或大腦的任何物理變化都不會導致個體無法與他人接觸。然而，有一些事實並不一定迫使人們形成這種態度，但卻使這種特殊現象的出現變得可以理解。

能讓我們從理論上理解這個問題的一個簡單案例如下：一個天生身體就很虛弱的孩子，他病了一段時間，疼痛和虛弱使其生活備受壓迫。這樣的孩子在相當程度上非常關注自我，並且認為外面的世界是冷酷的和敵對的。在這個案例中，第二個有害因素也產生了作用。一個身體虛弱的孩子必須依賴他人，才能讓自己生活得更輕鬆。但是，這種無微不至的照顧和保護，反而使他產生了強烈的自卑感。孩子和成人在體型和力量上的差異，都會引起孩子的一種相對的自卑感。就像經常發生在生活中的，大人經常說「大人在講話，小孩別插嘴」那樣，

第五章　兒童的自卑感

孩子弱小、自卑的感覺就很容易被強化。

所有這些印象都加深了孩子對自己處於不利地位這一事實的認知。他意識到自己比別人小，比別人弱，這是他不可能與自己和解的地方。他越是覺得自己弱小，就越會努力變得更強大。他正在努力爭取認可，這給了他努力的動力。他沒有試圖讓自己的生活與周圍人的生活互相協調，而是創造了一個新的處世原則——「只考慮我自己」，從而逐漸變成了獨來獨往、非常孤僻的孩子。

非常有把握地說，大多數虛弱、殘疾的兒童都有強烈的自卑感，這種自卑感表現為兩個極端。在與別人交談時，要麼表現得畏畏縮縮、非常膽怯，要麼表現得太爭強好勝。這兩種行為方式看起來完全不同，但都出於相同的原因。這些孩子在努力爭取認可的過程中，要麼膽小畏縮，要麼太囂張。他們缺乏社會情感，

因為他們要麼對生活不抱有任何期望，認為自己一無是處，要麼把這種感覺完全顛覆，自己想成為領導者和英雄，永遠處於人們關注的焦點。

當一個孩子多年來一直沿著錯誤的方向發展時，那我們就不可能指望透過一次談話就能改變他的行為模式。教育者必須要有耐心。孩子試圖去改善這種行為，但在某種情況下可能會復發。有時向孩子解釋改善不會馬上有成效是一個明智的選

擇，這能夠使孩子平靜下來，不再灰心喪氣。當一個孩子連續兩年都不擅長數學，他不可能在兩週內就擅長，但是無可爭議的是，他能夠做出彌補。一個正常的孩子，一個勇敢的孩子，可以做好任何事情。很多案例都證明，錯誤的發展方向，才會導致形成不完整的人格。幫助智力沒有缺陷的行為問題兒童總是有可能成功的。

能力不足或看起來愚蠢、笨拙、冷漠，都不能證明孩子智力低下。智力低下的孩子總是有大腦發育不良的生理缺陷。有些生理缺陷可能是由那些影響大腦發育的腺體引起的。這種生理缺陷有時會隨著時間的推移而消失，而遺留下的主要是因生理缺陷所引起的心理問題。也就是說，一個原本身體虛弱的孩子，即使在身體變得強壯後，也可能會繼續表現得好像很虛弱。

甚至，我們必須考慮得更深遠。心理上的自卑和以自我為中心的態度，不僅可能是個體身體上的缺陷或身體虛弱的結果，也可能是與生理因素無關的環境因素所造成的。自卑和以自我為中心可能是錯誤的撫養方式所造成的，也可能是由於缺乏關愛或嚴厲的教養方式所造成的。在這種情況下，孩子的生活變成了一種痛苦，孩子對他的環境充滿了敵意。這些影響即使不是相同的，卻也是相似的 —— 心理的障礙是由生理上的自卑造成的。

第五章　兒童的自卑感

可以預料到,對待那些在沒有愛的環境中長大的孩子會有很大的困難。他們會像看所有傷害過他們的其他人一樣看著我們,每一次上學的督促都會被認為是壓迫。他們總是感到被束縛,所以只要有機會,他們總是想反抗。他們無法對自己的同伴採取正確的態度,因為他們羨慕那些擁有快樂童年的孩子。

經受這種痛苦的孩子經常發展成喜歡毒害他人生活的人。他們沒有足夠的勇氣去克服環境中的困難,而試圖透過欺凌弱小的孩子,或者透過表面上的友好來超越他人,以彌補自己的無力感。然而,這種友誼只有在其他人允許自己被支配的時候才能持續下去。許多孩子最終只和那些處境更糟糕的人交朋友,或者他們喜歡更小、更貧窮的孩子,就像有些成人覺得自己特別受那些人的吸引一樣。男孩有時也喜歡特別溫柔、順從的女孩,當然這並不是因為異性方面的吸引而喜歡,而是因為他們的自卑感。

第六章
兒童的發展：預防自卑情結

　　當一個孩子花了很長時間才學會走路，即使學會了正常走路，也並不意味著這個孩子在以後的生活中一定會發展出自卑情結。然而，我們知道一個心理發育正常的孩子，總是會對被限制自由行動的經歷留下深刻印象。他覺得自己的處境很不幸，以至於從中產生悲觀的想法。即使最初的身體缺陷和身體障礙到後來都消失了，但這種悲觀的想法可能會決定他未來的發展方向。有許多曾經患過佝僂病的孩子，雖然最後治癒了，但身上仍有一些佝僂病的後遺症：腿部彎曲、動作笨拙、肺黏膜炎、頭部畸形（方腦袋）、脊椎彎曲、腳踝肥大、關節虛弱、姿勢不良等。這樣的孩子看到同伴們行動很輕鬆，就會產生自卑感。他們要麼會低估自己，完全失去信心，幾乎沒有任何進步；要麼被絕望的困境所刺激，不顧自己的生理缺陷，帶著不便的身體去追趕那些身體健全的同伴。這樣孩子顯然沒有足夠的智慧來正確判斷自己的處境。

　　一個非常重要的事實是，決定孩子發展的既不是他自己的內在能力，也不是客觀環境，而是兒童對外部環境及其兩者之

第六章　兒童的發展：預防自卑情結

間關係的解釋（問題一）。孩子能為世界帶來什麼並不重要，成人對孩子狀況的判斷也不重要。對我們來說，最重要的是用孩子的眼光來看待孩子的處境，並用孩子的觀點來解釋他的處境。我們並不能假設孩子的行為都合乎邏輯，也就是說，我們不能按照成人的思維方式來判斷一個孩子。所以我們需要認知到，孩子在解釋自己的立場時會犯錯誤。實際上，正是因為孩子犯了錯誤，才發展出了兒童教育心理學。如果孩子是天生愛犯錯誤，那麼我們就不可能教育好或糾正他。因此，相信性格特徵是天生決定論者不能也不應該教育孩子。

健康的身體不一定擁有健康的心靈。一方面，當一個孩子儘管身體有缺陷，但卻勇敢地面對生活時，那麼這一患病的身體裡也有可能擁有健康的心靈。另一方面，即使一個孩子身體健康，但由於一系列不利的環境導致孩子對自己的能力做出錯誤的解釋，那他就不會擁有健康的心理。任何一個挫折都會讓孩子認為自己能力不足。這是因為這些孩子對困難異常敏感，他們把每一個障礙都看作對自己缺乏能力的證明。

有些孩子除了在運動方面有困難外，學說話也很困難。學說話通常和學走路的時間差不多。當然，這兩者之間並沒有實質性的連繫，而是取決於孩子的養育方式和家庭環境。有些孩子本來可以毫無障礙地學會講話，但卻因為缺乏家人的幫助而導致他們很久都不會說話。然而，很明顯的是，任何一個聽力

沒有障礙、語言器官也沒有缺陷的孩子，都應該在適當的年級就學會說話。在某種情況下，如視覺非常靈敏的孩子說話會延遲。還有些情況會導致孩子特別晚才學會說話，如父母對孩子特別溺愛，什麼都替孩子說，而不是讓孩子嘗試表達自己，這樣的孩子要花很長時間學說話，以至於有時候我們以為他有聽力缺陷。當他最終學會說話時，他對說話的興趣變得特別強烈，甚至在今後會成為一名演說家。一位作曲家的妻子克拉拉舒曼直到四歲才會說話，甚至到了八歲也只會說一點點。她是個古怪的孩子，非常內向，寧願自己在廚房裡消遣時間，也不希望有人打擾她。「真奇怪，」她的父親說，「這種心理上的失調竟成了一種如此美妙和諧的生活開端。」她的經歷就是一個過度補償的例子。

我們必須注意讓聾啞兒童接受特殊教育，因為越來越多的事實證明並不會出現完全失聰的情況。不管一個孩子的聽力多差，他那微弱的聽覺能力都應該得到最大限度的培養。羅斯托克（Rostock）的卡茨教授已經證明，他能夠訓練那些完全沒有音樂天賦的孩子，幫助他們獲得欣賞音樂的能力，去感受聲音的美。

在學校裡，有些孩子能夠學好大多數的學科，但是在其中一門功課上表現很差，尤其是數學，這會引起孩子對自己能力低下的懷疑。那些在算術方面不成功的孩子很有可能被這門學

第六章　兒童的發展：預防自卑情結

科嚇到，並在嘗試解決這個問題時感到灰心喪氣。有些家庭，特別是藝術家的家庭，他們反而會吹噓自己不會算術。此外，認為「女孩比男孩更不擅長數學」的觀點是錯誤的，因為有許多女性是優秀的數學家和統計學家。女學生經常聽到「男孩比女孩數學好」這句話，這種評論反而容易嚇到她們，使她們失去對學習數學的自信。

孩子能否使用數字，是判斷他有無安全感的一個重要的指標。數學是為數不多的、為人帶來安全感的知識領域之一。這是一種透過數字來穩定周圍混亂思想的操作，有強烈不安全感的人通常是糟糕的計算者。

其他科目也是如此。寫作，可以把內心的聲音寫在紙上，從而給個體一種安全感；繪畫，可以把短暫的視覺印象化作永恆的畫面；體操和舞蹈，是個體獲得身體安全感的表現，更具體地說，我們透過對身體的可靠控制，從而獲得心理上的安全感。也許這就是為什麼這麼多教育者如此堅定地相信體育教育。

孩子們自卑感的另一個顯著表現是很難學會游泳。當一個孩子可以很輕鬆地學會游泳時，他也將能夠克服其他困難。一個很難學會游泳的孩子，會表現得對自己和游泳教練都缺乏信心。值得注意的是，許多剛開始游泳有困難的孩子後來都成了優秀的游泳運動員。這些孩子對最初的困難很敏感，但他們對

成功非常渴望。在這種目標的激勵下，他們不斷努力，追求完美，最終成為優秀的游泳者。

我們還要了解一個孩子是特別喜歡一個人還是對幾個人都感興趣。通常情況下，一個孩子會深深地依戀他的母親，如果母親不愛他，孩子便會依戀家庭中的另一個成員。除了那些智力低下的孩子，每個孩子都有這種依戀他人的能力。當一個孩子由他的母親撫養長大，卻與家庭中的另一個人產生依戀關係時，找出這其中原因是很重要的。顯然，任何孩子都不應該把所有的愛和注意力全集中在自己的母親身上，因為母親最重要的職責是教會孩子把自己的興趣和自信傳遞給他的同伴。祖父母在孩子的成長過程中也扮演著重要的角色，但他們往往扮演著溺愛孩子的角色。老人這樣做的原因是他們害怕自己不再被需要，因此他們會產生過度的自卑感，經常會扮演非常挑剔、愛嘮叨批評或心腸軟、心地善良的長者的角色。為了讓自己得到孩子的喜愛，讓孩子認為自己很重要，他們幾乎不會拒絕孩子。孩子去看望祖父母時，往往被寵壞了，以至於不願意回到自己家，因為自己家裡有更多的規矩。他們一回到家裡就抱怨不如在祖父母家好。我們在這裡提到祖父母在孩子生活中扮演的角色，以便提醒教育者在研究孩子的生活方式時不要忽視這一重要的事實。

佝僂病導致的行動笨拙（問題二）長期未得到改善，通常

第六章　兒童的發展：預防自卑情結

表明孩子受到了過多的照顧，經常被溺愛。母親應該有足夠多的智慧，即使孩子生病需要特別照顧，也不要扼殺孩子的獨立性。

有一個重要的問題是這個孩子是否帶來了很多麻煩（問題三）。當我們聽到這種情況時，我們可以肯定母親與孩子的關係過於親密，沒有培養孩子的獨立性。這種麻煩通常表現在睡覺或起床、吃飯或盥洗時，也表現在做噩夢或尿床時。所有這些症狀都表明孩子是在試圖引起某個人的注意。緊接著會出現一個又一個的症狀：這就好像孩子發現了一件又一件的武器，可以用來控制家長。我們可以肯定，當一個孩子出現這種症狀時，他的外在環境是非常脆弱的、有問題的。懲罰是沒有用的，這些孩子通常以戲弄父母的方式來折磨他們，以向他們證明這種懲罰是沒有用的。

還有一個特別重要的問題是關於孩子智力的發展。有時很難正確回答這個問題，我們得藉助比奈智力量表，但這種工具並不總能提供可靠的結果。其他的智力測試都是如此，這些測試不能用一次結果就斷定孩子的一生。整體而言，智力的發展在相當程度上取決於家庭環境。環境較好的家庭能夠幫助他們的孩子，身體發育良好的孩子通常表現出相對較好的智力發展。不幸的是，這種安排也使那些在智力成長方面發展更順利的孩子注定要從事「高品質的工作」或更好的工作；而那些

成長較慢的孩子則被分配到卑微的工作，做體力活。據我們所觀察到的，許多國家新引進的為智力發展較慢的孩子開設特殊課程的制度體系是非常有效的，而這些孩子大部分來自貧困家庭。由此得出的結論是，如果可以為這些來自貧窮家庭的孩子提供更有利的成長環境，他們也能夠公平地與那些出生在物質環境較好的家庭的孩子進行競爭。

另一個需要調查的重點是孩子是否曾經因被嘲笑或被取笑而灰心喪氣。有些孩子能夠忍受這種挫折；還有些孩子會喪失勇氣，逃避困難，不願意面對有助於自己成長的困難，把注意力轉向外在環境，這表明孩子缺乏自信心。當一個孩子經常與他人爭吵時，就會表現出一種敵對的跡象，他擔心如果自己不是侵略者，自己沒先占上風，別人就會先攻擊他。這樣的孩子不會聽話，他們認為順從就是要被支配，並且認為禮貌地回應他人是一種降級和侮辱，所以他們沒有禮貌地回應他人。他們也從不抱怨，因為他們把別人的同情視為對自己的侮辱。他們從不在別人面前哭，有時該哭的時候就笑，這看起來很缺乏情感，但這只是害怕、示弱的表現。這些孩子有任何殘忍的行為都是基於內心的脆弱，真正堅強的人是不會變得這麼殘忍的。這些不聽話的孩子通常不愛乾淨，不講衛生，咬指甲、摳鼻子，而且非常固執。他們需要鼓勵，同時要讓他們明白，他們的行為只是表明他們害怕表現得軟弱。

第六章　兒童的發展：預防自卑情結

　　孩子是否可以很容易地交到朋友？交朋友時是否友好？他是領導者還是追隨者（問題四）？這都與他建立連繫的能力有關。也就是說，與他的社交感受或沮喪程度有關，也與他服從或統治的欲望有關。當一個孩子孤立自己時，表明他對自己沒有足夠的信心去和別人競爭，他對優越感的追求如此強烈，以至於他害怕自己的個性在人群中處於從屬地位。有蒐集傾向的孩子表明他們想要增強自己並超越他人。這種蒐集東西的行為傾向是危險的，因為它很容易陷得太深，發展成過度的進取心，導致個體非常貪婪，但是它表達的是一種個體想要尋求支持的軟弱感。當這些孩子認為自己被忽視時，他們很容易學會偷東西，因為他們比其他人更容易感覺到這種注意力的缺乏。

　　另有問題涉及孩子對學校的態度（問題五）。我們必須注意孩子是否經常遲到，以及他們是否對上學感到緊張（這種緊張通常是不情願的表現）。孩子面對學校時的恐懼有各式各樣的表現方式。當他們有作業要做時，會變得暴躁易怒；他們會因為課業過於緊張而引發心悸的症狀。某些孩子還可能會出現生理器官的變化，比如性興奮。為孩子進行評分排名的制度並不值得稱讚。如果孩子沒有以這樣的方式被分類，他們就會從巨大的負擔中解脫出來。學校變成了一個持續考試測驗的地方，在這種考試或測驗中，孩子必須要不斷爭取好的分數，因為低分可能會對孩子貼上永久的標籤。

孩子是自願做作業，還是被逼著去做作業？忘記做家庭作業往往顯示出孩子逃避責任的傾向。功課不理想，或者對功課感到不耐煩有時是用來逃避上學的手段，因為孩子更想做其他的事情。

孩子是否懶惰？當一個孩子在學校功課不及格時，他更願意以懶惰而不是沒有能力為理由。當一個懶惰的孩子很好地完成一項任務時，他會受到表揚，然後他會聽到「如果他不懶惰，他可以完成很多事情」這樣的說法。很多孩子對這種觀點很滿意，因為他們確信這樣就不再需要證明自己的能力。懶惰的孩子還有其他的缺點，如缺乏勇氣、不能集中精力、總是依賴別人。嬌生慣養的孩子也屬於這個類型，他們總是擾亂課堂紀律，總想引起別人的注意。

孩子對老師的態度是什麼？這個問題不容易回答。孩子習慣於掩蓋他們對老師的真實感情。當一個孩子不斷地批評並試圖羞辱他的同學和朋友時，我們可能會認為這種貶低他人的傾向是他缺乏自信心的表現。這樣的孩子傲慢、嘮叨、自以為是，他們用這種態度來掩蓋自己的軟弱。

最難管教的是冷漠、無動於衷、消極的孩子。他們戴著冷漠的「面具」，但實際上他們並不是如此。當這些孩子被逼到失去控制時，他們的反應通常會表現為狂怒或試圖自殺。除非被命令去做一些事情，否則他們什麼也不做。他們害怕挫折，高

第六章　兒童的發展：預防自卑情結

估他人。因此，這類孩子需要不斷地被鼓勵。

在體育或體操項目上表現出進取心的孩子，暴露出了一個事實，那就是他們在其他方面同樣野心勃勃，只不過是因為害怕失敗才把自己的目標轉移到體育項目上。閱讀量遠遠超過一般水準的孩子也缺乏勇氣，這表示他們希望透過閱讀來追求優越感。這些孩子有著豐富的想像力，但面對現實卻很膽怯。注意孩子們喜歡什麼樣的故事類型也很重要：是小說、童話、傳記、旅行還是客觀的、科學的作品。到了青春期，孩子很容易被色情書籍吸引。不幸的是，在每個大城市都有書店出售這種印刷品。越來越強的性慾和對經驗的渴望將他們的思想轉向這個方向。為了與這些有害的影響對抗，應採取下列方法：幫助孩子做好角色認知的準備，在幼年時就澄清性別問題，讓孩子與父母建立友好關係。

下面的問題包括家庭狀況，即有沒有家族疾病，如酗酒、神經官能症、結核病、梅毒、癲癇等（問題六）。全面了解孩子的身體病史也很重要。一個經常用嘴呼吸的孩子，他的面部表情比較呆傻，這是由於他的扁桃體腫大阻礙了正確的呼吸，需要用手術清除這些障礙。有時手術會賦予孩子更多的勇氣，幫助他重返課堂。

家族疾病也不利於孩子的成長。患慢性病的父母為孩子帶來沉重負擔。緊張和精神疾病壓迫著整個家庭。只要有可能，

我們就不應讓孩子知道家中有成員患有精神疾病。迷信的人認為精神疾病會遺傳，還會為整個家庭蒙上一層陰影。無數的肺結核和癌症病例也是如此。所有這些疾病都會為孩子留下可怕的印象，有時把孩子從這樣的家庭環境中帶走會更好。家庭成員長期酗酒或有犯罪傾向就像是孩子無法抗拒的毒藥。然而，從這些家庭被帶走的孩子，在如何被恰當地安置方面存在著困難。癲癇病人易激動，會擾亂家庭生活的和諧。但最糟糕的是梅毒，患梅毒的父母所生的孩子通常非常虛弱，他們會遺傳這種疾病，並且被發現很難面對生活。

我們不能忽視這樣一個事實，即家庭的物質條件影響了孩子的人生觀。與生活在優越環境中的孩子相比，貧困引起了一種不滿足感。如果家庭經濟狀況惡化，富裕家庭的孩子很難擺脫他們習慣的舒適生活。當祖父母比父母富裕時，這種緊張感就更強了，孩子無法擺脫這樣一種想法，即祖父極其強大，而父親卻一事無成。一個孩子常常因為抗議懶惰的父親而變得勤奮。

第一次接觸死亡常常是一種巨大的衝擊，這足以影響孩子的一生。一個對死亡毫無準備並突然面對死亡的孩子第一次意識到生命已經結束，這可能會讓孩子完全喪失勇氣，或者至少讓他變得非常膽小。在醫生的記述中，我們經常發現他們對職業的選擇是由與死亡的突然接觸引起的，這足以證明孩子的死

第六章　兒童的發展：預防自卑情結

亡意識對他產生的深刻影響。在面對死亡這個問題上，為孩子增加負擔是非常不明智的，因為他們還不能完全理解這個問題。孤兒或繼子、繼女經常把他們的不幸歸咎於父母的去世。

了解誰在家庭中有決定權是很重要的。通常父親是家庭中最有決定權的。當母親或繼母占主導地位時，往往會產生一些不良的結果，即父親經常失去孩子對他的尊重。強勢母親的兒子通常會對女性產生某種恐懼，而這種恐懼是他很難擺脫的。這樣的男人要麼迴避女人，要麼讓家裡的女人過著不愉快的生活。

我們還有必要知道對孩子的養育應該是嚴格的還是溫和的。個體心理學家認為，在撫養孩子時不應採用過於嚴厲或過於溫和的方法，而是要理解孩子，避免錯誤，不斷鼓勵孩子去面對和解決他的問題，鼓勵孩子培養社會情感。不停嘮叨的父母會傷害孩子，因為他們完全不鼓勵孩子；嬌慣溺愛的教育方式培養出的孩子總是想要依賴他人。父母既不應把世界描繪得過於美好，也不應把世界描繪得過於悲觀。他們應盡可能幫助孩子為將來的生活做好準備，使孩子日後能照顧好自己。沒有被教導如何面對困難的孩子會逃避困難，這只會導致他的活動範圍不斷縮小。

知道誰負責照看孩子同樣是很重要的。母親不必總是和孩子在一起，但她必須知道她應該把孩子託付給誰照看。教育孩

子的最好方法是讓他從實踐的經驗中學習，這樣他的行為就不會受到他人的限制，而是遵循邏輯事實。

還有一個問題涉及孩子在家庭中的地位（問題七），這最能顯示出孩子的人格。獨生子女是一種特殊的情況，家中最小的孩子、家庭中只有姐妹的男孩或只有兄弟的女孩，這些都是需要關注的特殊情況。

職業的選擇也是一個很重要的問題（問題八），因為它向我們揭示了環境對孩子的影響，孩子的勇氣和社會情感，以及孩子的生活節奏。白日夢（問題九）和童年早期記憶（問題十）同樣重要。那些已經學會解讀童年記憶的人經常可以從中發現整體的生活方式。夢（問題十一）也是一個孩子前進方向的指示，一個他是否試圖解決或逃避問題的指示。知道孩子是否有語言缺陷是很重要的（問題十二）。此外，長相和身材的好壞也很重要（問題十三）。

孩子是否會公開討論他的情況（問題十四）？有些孩子很喜歡吹牛，以此來補償他們的自卑感。另有一些孩子拒絕交談，害怕自己會被利用，或者擔心暴露自己的弱點會受到新的傷害。

一個孩子在某一科目上，如繪畫或音樂方面取得了成就，必須在此基礎上鼓勵他，以使他在其他科目上有所進步（問題十五）。

第六章　兒童的發展：預防自卑情結

　　十五歲的孩子如果不知道自己想成為什麼樣的人，就會被認為是灰心喪氣的、沒有勇氣的，因此必須給予相應的處理和糾正，必須考慮家庭成員的職業以及兄弟姐妹之間的社會地位差異。教育者有責任謹慎行事，為孩子建構一個良好的成長環境，並根據從問卷中獲得的資訊來安排其治療方案，嘗試改善孩子的行為。

第七章
兒童的社會情感及其發展障礙

與我們在前面幾章中討論的追求優越感的情況完全相反，從社會的角度來看，許多兒童和成人會有與他人產生連繫的傾向，即與他人一起合作完成任務，使自己成為有用的人。這種表現用社會情感這個術語來描述是最合適的。這種情感的根源是什麼？這是個有爭議的問題。但是就目前所能發現的而言，我們似乎不得不在這裡談到一種現象，那就是社會情感的根源與人的概念有著千絲萬縷的連繫。

人們也許會問，在什麼意義上，社會情感和追求優越感更受先天因素的影響？答案是，兩者在本質上有相同的核心，個體追求優越感和社會情感都是基於人性這一相同的基礎。它們都表現了對自我肯定的強烈渴望，但是各自的表現形式並不相同，不同的形式隱含著對人性不同的判斷。因此，個體對優越感的追求隱含了一種對人性的判斷，即個體可以脫離群體，而社會情感包含了個體對群體的某種依賴。從人性觀的角度來看，毫無疑問，社會情感要優於個體的追求。前者代表一種更健全的、邏輯性更強的觀點，而後者只是一種膚淺的觀點，儘

第七章　兒童的社會情感及其發展障礙

管作為一種心理現象，後者在個人生活中更常見。

如果我們想知道社會情感在什麼意義上具有真理和邏輯，只需回溯一下歷史上的人類，就會發現人類一直是以群居的方式生活在一起。當我們進一步思考，很多生物因為無法自我保護而只能和同類生活在一起時，這個事實就並不那麼令人驚訝。我們只需將人類與獅子進行比較，就能意識到人類作為一種動物，是非常缺乏安全感的。而且多數與人類體型相當的動物在進攻和防禦方面更強，也更有天賦。達爾文觀察到，所有被自然忽視的、防禦能力差的動物總是成群結隊地生活和行動。舉例來說，猩猩的身體龐大，力量巨大，所以它們會和自己的配偶單獨生活，而猿類家族中身體較小、力量較弱的成員總是成群出現。正如達爾文所指出的那樣，群體的形成可以替代或補償大自然沒有賦予它們的防禦裝備，如爪子、毒牙、翅膀等。

群體的形成不僅平衡了某些個體所缺乏的方面，而且還引導它們發現新的保護方法來改善自己的處境。例如，一群猴子知道如何派出「高級偵察兵」去了解敵人的情況。透過這種方式，它們能夠集中力量，彌補個體能力的不足，發揮團隊優勢。我們還發現，一群水牛聚集在一起，這樣就成功地保護了群體免受更強大的敵人攻擊。

研究過這個問題的動物社會學家也報告說，在這些群體

中，我們經常發現類似於法律的不成文的規則，個體都要遵守這個規則。因此，被派往前方的「偵察兵」必須按照群體的規則來行動，否則它的每一個失誤或違規都會使整個群體受到懲罰。

有趣的是，在這方面，許多歷史學家認為，人類最古老的規則是那些影響了部落保護者的規則。如果是這樣，我們就可以對集體觀念產生的源頭重新有一個認知，即集體觀念源自弱小的個體缺乏自我保護的能力。從某種意義上說，社會情感反映出個體不夠強大的事實，且兩者之間密不可分。因此，對人類而言，培養社會情感的最重要的階段為嬰兒期和兒童期，因為這一時期的孩子最無助、最弱小，自我保護能力也最缺乏。

在動物的整個領域中，沒有哪個物種像年幼的人類那樣，非常無助地來到世上。此外，正如我們所知道的那樣，人類的孩子需要最長的時間才能發展成熟。這並不是因為一個孩子在成為成人之前必須學習無數的東西，而是因為他的成長需求。孩子需要父母保護的時間更長，因為他們的生理發展需要得到這種保護。如果孩子缺乏這種保護，人類或許早已滅絕了。孩子生理上的弱點可以被看作把教育和社會意識連繫在一起的好機會。教育之所以是必要的，就是因為孩子在生理上還不夠成熟。所以教育的目標應該是幫助孩子培養社會情感，依靠社會集體來克服個體的不成熟，教育的目標應該是社會性的。

第七章　兒童的社會情感及其發展障礙

　　在所有的教育規則和教育方法中，我們必須始終有社群生活和社會適應的觀念。不管我們是否意識到，我們總是對那些從社會的角度來看「好」的行為印象更好，而對那些通常是對社會不利或有害的行為印象較差。

　　就我們所觀察到的教育上存在的錯誤而言，我們斷定這些是錯的，是因為它們會對社會產生有害的影響。人類能力的發展和人類所有的成就，都是在社會生活和社會情感的雙重引導下產生的。

　　以語言為例，獨居的人不需要語言。但人類已經發展出了語言，這無可爭議地表明了社會生活的必要性。語言是人與人之間獨特的紐帶，同時也是我們共同生活的產物。只有當我們以社會的概念為出發點，才有可能了解語言的心理過程。獨居的人對說話不感興趣。當一個孩子缺乏廣泛的社會參與，孤立地長大時，那麼他說話的能力就會受到阻礙。只有當一個人把自己與他人連繫在一起時，語言的能力才能獲得和提高。

　　人們普遍認為，表達能力強的孩子更有語言天賦，這並非完全正確。在說話或透過說話進行社會交際方面有困難的孩子，通常他們的社會情感發展都不好。表達不暢的孩子通常是被寵壞的孩子，因為在他們開口表達自己的需求之前，他們的母親已經為他們做好了一切，把他們照顧得非常好。這樣，他們就失去了與人交流和適應社會的能力，因為他們不需要開口說話。

也有一些孩子不願意說話，是因為他們的父母從來不允許他們把話說完，或讓他們回答問題；還有一些孩子是因為被嘲笑或受到奚落，從此灰心喪氣。不斷地糾正和挑剔孩子說話似乎是兒童教育中普遍存在的問題。更可怕的結果是，這些孩子多年來都感到自卑。我們可以在這樣的人身上發現一點，即他們在進行自我介紹之前總是使用刻板的開場白：「請不要嘲笑我。」我們經常聽到這種說法，所以我們應該立刻意識到，這些人小時候可能被經常嘲笑。

還有這樣一個例子，一個孩子的父母都是聾啞人，但他聽和說的能力都正常。當他受傷時，總是無聲地哭泣。因為父母聽不到他哭泣的聲音，他只能讓父母看到自己的痛苦。

人類其他能力的發展，如理解能力或邏輯意識，如果沒有社會情感，它們的發展是會受到限制的。一方面，一個完全獨居的人不需要邏輯，或者至少不比其他任何動物更需要邏輯。另一方面，一個經常與他人接觸的人，在與人交往時必須運用語言、邏輯和常識。因此，他必須發展或獲得社會情感。這是所有邏輯思維的最終目標。

有時候，人們的行為看來似乎很愚蠢，但實際上，他們是根據自己的個人目標而行動的，所以這些行為是相當明智的。這種情況經常發生在那些認為其他人都必須像他們一樣思考的人身上，這向我們展示了社會情感或常識在判斷中有多麼重要

第七章　兒童的社會情感及其發展障礙

（更不用說，如果社會生活簡單一點，沒有那麼複雜，沒有為個人帶來那麼多複雜的問題，就沒有必要發展常識）。我們可以想像，原始人之所以保持在原始的水準，是因為他們的生活相對簡單，沒有激發他們進行更深層次的思考。

社會情感在人類語言能力和邏輯思維能力中扮演著最重要的角色。如果每個人都試圖解決自己的問題或使用自己的語言，不管他生活在哪個社會中，這都會導致混亂。社會情感給了每個人一種安全感，這種安全感是個體生活中的主要支撐。它可能與我們從邏輯思維和真理中獲得的信心不完全相同，但它是這種信心最明顯的組成部分。舉個例子，為什麼計算和計數在所有方面都被依賴和接受，以至於我們傾向於認為只有能用數字表達的才是完全正確的？原因是，數字運算更容易與我們的同伴溝通，同時它們也更容易讓我們思考。那些我們無法向他人表述清楚並能夠讓他人理解的真理，都很難讓人信服。這種思路無疑與柏拉圖試圖把所有哲學都建立在數字和數學的基礎上的觀點一脈相承。他希望哲學家能夠回到「洞穴」，也就是說，希望哲學家能夠參與到社會生活中。我們從這裡看到了與社會情感更密切的連繫。柏拉圖認為，如果沒有來自社會情感的安全感，即使是哲學家也無法正常生活。

可以說，缺乏安全感的孩子，當他們與他人接觸時，或者當他們不得不主動完成某些任務時，就會顯露出這種安全感的

缺乏。尤其表現在學校裡需要客觀思維和邏輯思維的學科中，如數學。

個體在童年時建構的觀念（如道德情感、倫理等）通常是非常片面的。對一個注定要獨自生活的人來說，擁有倫理道德是不可思議的。只有當我們在社會生活中涉及社群和他人的權利時，道德才是存在的。當我們考慮到美感，以及對藝術創作的偏好時，它們是否具有社會特徵就有點難以確認了。但即使在藝術領域，我們也能感受到一種普遍一致的影響，這種影響可能有其基本的根源，那就是對健康、力量、正確的社會發展等的理解。就藝術而言，界限是有彈性的，或許有更多的空間讓位於個人品味。然而，整體而言，即使是美學，也需要適應社會需求。

如果向我們提出一個實際的問題，怎樣才能判斷一個孩子的社會情感發展到什麼程度，我們就必須考慮到他的多種行為表現。例如，當我們看到孩子在追求優越感的過程中，完全不顧及他人，只想如何達到自己的目標時，我們就可以肯定，他們的社會情感比那些顧及其他人的孩子要更弱一些。在我們現代的文明中，多數孩子都想要追求優越感，追求個人至上。因此，在這一過程中，他們的社會感情程度通常沒有得到充分的發展。這就是古往今來批判家和道德家一直在批判的一個問題：人的天性就是以自我為中心，並且認為自己比別人更重

第七章　兒童的社會情感及其發展障礙

要。這一點經常以說教的形式表現出來，但這種說教對兒童和成人不會起到一點效果，對現實問題也是毫無用處的，人們最終會用「別人也好不到哪裡去」這樣的話來安慰自己。

當我們面對那些思想已經變得如此混亂，以至於產生了有害思想或犯罪傾向的孩子時，我們必須意識到，再多的道德說教也發揮不了任何作用。在這種情況下，更可取的做法是更深入地探究他們的心理，以便能夠拔出罪惡的根源。換句話說，我們必須放棄批判家的角色，承擔起同伴或醫生的角色。

如果我們不斷地告訴一個孩子他是壞的或愚蠢的，他會在短時間內相信我們是正確的，之後他就沒有足夠的勇氣去完成任何一個交給他的任務。隨之而來的是，無論這個孩子試圖做什麼，他都會失敗，並且他也會認為自己非常愚蠢，這種想法逐漸變得根深蒂固。他不明白是環境摧毀了他的自信，於是下意識地根據自己的錯誤判斷來安排自己的生活，以此來證明這個錯誤的判斷是正確的。這個孩子覺得自己不如他的同伴有能力，他覺得自己的能力和可能性受到了限制。他的態度清楚地表明了他現在沮喪的心態，這與不利的環境對他施加的壓力形成正比。

個體心理學試圖表明，環境的影響在孩子犯的每一個錯誤中都是可以察覺到的。例如，一個把東西擺得亂七八糟的孩子，總是生活在一個把東西整理得井然有序的家庭中；一個說

謊的孩子總是有一個嚴厲的家長,而這位家長想用嚴厲的手段來治癒說謊的孩子。我們甚至可以在孩子的吹嘘中發現環境對其的影響。這樣的孩子通常覺得表揚是必要的,而不是任何給定任務的成功完成;他追求優越感的過程就是不斷地尋求家人表揚自己的過程。

每個孩子在生活中都經歷過被父母忽視或誤解的時候。在子女眾多的家庭中,每個孩子都處在不同的情況下。第一個孩子有一段時間是獨生子女,這種經歷對第二個孩子來說是未知的、感受不到的。最小的孩子也會面臨比較特殊的處境,因為他在一段時間內是環境中最弱小的孩子。這些情況是有變化的。當兩個兄弟或兩個姐妹一起成長時,比較年長和有能力的那個人已經克服了某些困難,而較小的那個人還需要繼續克服這些困難。在兩個這樣的孩子中,年齡較小的一個處於相對不利的地位,他們會感受到這一點。為了彌補這種自卑感,小一點的孩子可能會加倍努力,以趕上哥哥或姐姐。

長期從事兒童工作的個體心理學家通常能夠發現兒童在家庭排列中所處的位置。當大一點的孩子取得正常的進步時,小一點的孩子就會被激勵付出更多的努力來追上大一點的孩子。因此,年齡小的孩子通常更活躍也更有攻擊性。如果大一點的孩子身體虛弱,發育緩慢,小一點的孩子就不會被迫在競爭的壓力中付出如此多的努力。

第七章　兒童的社會情感及其發展障礙

因此，確定一個孩子在家庭中的位置是很重要的，因為只有確定這個孩子在家庭中的位置，才能夠充分地理解他的行為。家庭中最小的孩子都有明顯的特徵，很容易看出他們是最幼小的。當然也有例外，但最常見的最小的孩子總是那種想要超越所有人的孩子，為了得到更多的關注，他們從不沉默，總是被一種感覺和信念所激勵而採取進一步行動。激勵他們的，就是他們覺得並且認為自己最終必須超過所有兄弟姐妹的這種想法。這些觀察對孩子的教育具有重要意義，因為它們決定了我們可以採用哪種教育方法。在對待所有的孩子時不可能遵循同樣的規則。每個孩子都是獨一無二的，當我們根據特定的一般類型對孩子進行分類時，我們必須小心對待每個孩子。因為學校人數比較多，在學校實現因材施教幾乎是不可能的，但在家裡肯定可以做到這一點。

家裡最小的孩子是那種總想成為人們關注的焦點的孩子，就像是在拍照時，他們總想站在照片的中心位置，而且在多數情況下，他們都能成功達到這一目的。這一點非常重要，因為這在相當程度上削弱了心理特徵的遺傳論。當不同家庭中的最小的孩子有這麼多的相似之處時，遺傳論的觀點就站不住腳了。

另一種家庭類型的最小的孩子，與上面描述的積極的孩子完全相反，是完全失去自信、非常洩氣的青少年。這樣的孩子

是最懶惰的。我們可以理解，這兩種類型之間看似巨大的差異可以從心理學上進行解釋。想要超越他人和擁有過度進取心的個體更容易受到困難和挫折的傷害。他過度的進取心使他不開心，因為當困難看起來幾乎難以踰越時，他會比那些沒有如此在意這一目標的人逃離得更快。我們在這兩種類型的最小的孩子身上看到了拉丁諺語所說的那樣：「不為凱薩，寧為虛無。」或者，正如我們所說的，這種類型的孩子，要麼想要獲得所有，要麼什麼都不想要追求，什麼也不想擁有。

在《聖經》中，我們可以找到與我們上述描述完全一致的一些最年幼的孩子的故事，如約瑟夫、大衛、掃羅等的故事。有人可能會提出反對意見，說約瑟夫有一個弟弟，叫本雅明。但是這一反對意見可能被下面這一事實所駁斥，約瑟夫十七歲的時候，本雅明出生了，所以約瑟夫在孩童時期一直是家中最小的孩子。在生活中，我們經常看到由最小的孩子支撐的家庭。此外，在《聖經》和童話故事中也可以發現對最小的孩子的斷言，都證實了我們的這種觀點。在所有的童話故事中，最小的孩子往往能超越他所有的兄弟姐妹。在德國、俄羅斯、北歐和中國的童話故事中，最小的孩子幾乎永遠是征服者。這不可能只是巧合。這可能是因為在過去，最小的孩子的形象比現在更加突出。這種類型一定被更充分地觀察到了，因為在原始條件下他可能更容易被注意到。

第七章　兒童的社會情感及其發展障礙

　　關於兒童在家庭中的排列位置所發展出的特徵，可以論述的方面還有很多。大一點的孩子也有許多共同的性格特點，可以分為兩個或三個主要類型。

　　我對這個問題已經研究了很長時間，但頭腦中對這一問題始終沒有太清楚地理解，直到我無意中發現馮塔納自傳中的一段話，才豁然開朗。馮塔納在自傳中描述了他的父親——一個法裔移民——如何參加波蘭和俄羅斯的戰爭。例如，當馮塔納讀到一萬名波蘭人打敗了五萬名俄羅斯人，打得他們倉皇而逃時，他的父親總是非常高興。馮塔納無法理解父親的喜悅。相反，他非常反對父親的這種喜悅，理由是五萬名俄羅斯人肯定比一萬名波蘭人更強大，還說：「如果不是這樣，我一點也高興不起來，因為強大的人應該永遠保持強大。」在閱讀這一段時，我們立即得出結論：「馮塔納是家中最大的孩子！」只有最大的孩子才能說出這樣的話。當他是家裡唯一的孩子時，在家中擁有權力，他覺得被一個弱者打敗是不公平的。事實上，人們發現年齡最大的孩子通常有保守的特點，他們信奉權力、統治和牢不可破的法律。他們傾向於坦率地承認自己專制統治，而且不做任何道歉。他們對權力的位置有正確的態度，因為他們自己曾經占據過這樣的位置。

　　正如我們已經說過的，最大的孩子也有例外。這裡應該提到一個例外。它涉及兒童生活中始終被忽視的問題，即當一個

大一點的男孩有了妹妹之後，他開始扮演的就是一個悲劇角色。當一個男孩變得非常困惑、完全灰心喪氣時，他的問題通常是源於一個更小、更聰明的妹妹，但很少有人提及這一事實。這種情況的發生並不是偶然的，因為有一個很合理、很自然的解釋。

我們知道，在當今的社會中，男人被認為比女人更重要。第一個出生的兒子，即長子常常是嬌生慣養的，而且父母通常對他寄予厚望。長子的情況一直是有利的，直到一個妹妹突然出現。當家裡已經有一個被寵壞的哥哥時，妹妹的到來會擾亂哥哥在家中的地位。因此，哥哥認為妹妹是一個討厭的入侵者，並且處處和她作對。這種情況會促使女孩拚命努力，如果她沒有因失敗而偏離這一目標，那麼這種刺激會影響她的一生。女孩發展迅速，嚇壞了哥哥，哥哥突然意識到男性的優越感被摧毀。他變得不確定，並且由於自然的規律，十四歲至十六歲的女孩在心理和身體上的發展比男孩快，因此他的不確定性很可能以徹底失敗而告終。他最終失去信心，放棄和妹妹戰鬥，開始尋找各種看似合理的藉口，或者自己製造困難，然後用這些作為繼續努力的藉口。

有很多這樣的第一個出生的男孩是困惑、絕望、極其懶惰的，或者因為沒有足夠的力量與妹妹競爭而感到緊張。這些男孩有時對女性懷有難以置信的仇恨。他們的命運通常是悲慘

第七章　兒童的社會情感及其發展障礙

的，因為很少有人了解他們的情況，並能向他們解釋清楚原因。有時事情的發展會引起家長和其他家庭成員的抱怨：「為什麼不是反過來呢？為什麼兩個孩子不能調換一下性別呢？為什麼優秀的是妹妹，不是哥哥呢？」

家裡有幾個姐妹而只有一個男孩，這種類型的男孩也有一些共同的特點。在這樣的家庭裡，很難防止女性占主導地位。要麼是男孩被家裡所有的人寵壞了，要麼是所有的女孩都排斥他。這些男孩天生就發展得不同，但他們還是有一定的共同特徵的。男孩不應該只由女性來進行培養，這種觀念已經非常普遍了。但這不能只是從字面上理解，因為所有的男孩最初都是由女性撫養長大的。真正的意思是男孩不應該在只有女性的環境中成長。這不是歧視女性的意思，而是反對因這種情況而產生的誤解。這種情況也適用於有多個男孩、只有一個女孩的家庭。男孩們通常看不起女孩，結果她試圖模仿男孩的言行舉止，以便與他們一樣平等，這對她以後的生活而言是一個不幸的開始。

不管社會的接納度多高，我們也不能贊同應該用培養男孩的教育方式來培養女孩。短期內可以這樣做，但很快，某些不可避免的差異會顯現出來。男性和女性在生活中要扮演不同的角色，這取決於他們身體結構的不同。這種差異會表現在職業選擇中，對自己的女性角色不滿意的女孩有時會發現自己很難

適應只適合女性的工作。當我們談到婚姻的問題時，很顯然，男性和女性的教育方式一定要有所不同。對自己的性別不滿的女孩會反對婚姻，認為這是對自己的侮辱，即使她們真的結婚了，也會試圖統治自己的婚姻。像女孩一樣被撫養長大的男孩在適應現在的社會文化時也會經歷很大的困難。

在考慮所有的這一切時，我們需要謹記：一個孩子的生活方式通常是在他四五歲時確定的。因此，在他四五歲時，必須培養他的社會感情以更好地適應社會所需的靈活性。當一個孩子五歲的時候，他對環境的態度已經固化和機械化，所以在他今後的生活中，他的生活態度或多或少都會朝著同一個方向發展。他對外部世界的認知方式也會保持如此，孩子容易陷入自我認知的陷阱中，不斷重複他早期的心理機制和行為模式。因此，社會情感受到個體心理界限的限制。

第七章　兒童的社會情感及其發展障礙

第八章
兒童在家庭中的地位：
情境與補償心理

　　我們已經看到，孩子根據他們所在環境中的位置形成了潛意識中對自己的理解，並在此基礎上發展社會情感。我們還看到，家庭中排行老大、老二和老三的孩子在發展上各有不同，每個人的發展都取決於他在家庭中的位置。這種早期的情況可以看作對孩子性格發展的考驗。

　　孩子的教育越早開始越好。隨著孩子的成長，他會發展出一套特定的機制來規範自己的行為，來幫助他更好地根據各種情境做出不同的反應。當孩子很小的時候，只有輕微的跡象顯示出他正在建構一種特定的機制來指導他未來的行為。經過多年的訓練，這種行為模式開始逐漸固化，孩子不再客觀地做出反應，而是根據自己以往的經驗對某種情境做出無意識的行為反應。當一個孩子對特定情境或對他自己應付困難的能力做出錯誤的理解時，這種誤判將決定他的行為。所以，除非孩子最初的、幼稚的理解方式被糾正，否則任何再強的邏輯思維或常識都不能改變一個成人的行為。

第八章　兒童在家庭中的地位：情境與補償心理

一方面，在孩子的成長過程中，總是存在著一些主觀經驗，教育者必須了解這些個性化的經驗，正是這種個性化的經驗阻礙了在兒童群體教育中應用一般性的規則。這也是為什麼同樣的規則在不同的孩子身上會產生不同的結果。

另一方面，即使孩子對同樣的情況做出幾乎相同的反應，我們也不能說這是自然規律。實際上，人們對事情缺乏普遍的理解，所以容易犯同樣的錯誤。人們習慣性地認為，當家裡出現另一個孩子時，哥哥或姐姐總是非常嫉妒。反對這種概括化觀點的一個理由是，總是會有例外存在。此外，如果孩子為弟弟或妹妹的到來做好了心理準備，那麼嫉妒就不可能產生。一個犯了錯誤的孩子好似走到了分岔路的路口，他不知該何去何從。當他終於找到了正確的路，並到達城鎮時，他聽到人們驚訝地說：「幾乎所有走過那條路的人都會迷路。」孩子所犯的錯誤往往就發生在這樣一條具有誘惑力的道路上。這些路通常看起來很容易走，因此能吸引孩子。

還有很多其他情況對孩子的性格有著難以估量的影響。一個家庭裡有兩個孩子，一個孩子非常聽話，另一個孩子表現很差，這種情況發生的頻率有多高？如果我們對此做更仔細的調查，會發現表現差的孩子有一種強烈的優越感，想要支配所有人，並使用他所有的力量來掌控環境，房子裡充滿了他的哭聲。相比之下，另一個孩子安靜、謙虛，是家裡最招人喜歡

的孩子，並且是其他孩子的榜樣。父母不知道如何解釋在同一個家庭裡出現這兩種截然相反的情況。經過具體的調查我們發現，好孩子明白能夠透過自己的良好行為獲得更多的認可，並且能在與他表現不好的兄弟姐妹的競爭中成功。這是可以理解的，當兩個孩子之間存在這種性質的競爭時，表現差的孩子沒有希望透過表現得更好來超越其他孩子，因此他會朝著相反的方向來努力，甚至是盡可能地淘氣、調皮。根據我們的經驗，這些淘氣的孩子經過教育之後會變得比他們的兄弟姐妹更優秀。我們的經驗還表明，強烈的優越感可能會表現為兩個完全相反的極端。我們在學校也看到類似的情況。

我們不可能預測兩個在相同條件下長大的孩子會發展得完全一樣，因為沒有兩個孩子在完全相同的條件下成長。一個行為良好的孩子的性格相當程度上受到一個行為不良的孩子的影響。事實上，還有很多原本表現良好的孩子，最後卻變成了問題兒童。

有這樣一個案例，一個女孩，現在十七歲了，在她十歲之前一直是一個表現良好的模範兒童。她有一個比自己大十一歲的哥哥，在她出生之前，哥哥十一年來一直是家中的獨子，所以被寵壞了。當妹妹出生時，男孩並不嫉妒她，只是繼續他平時的行為。當女孩長到十歲時，哥哥開始長時間不在家。妹妹扮演了家中獨子的角色，她想不惜任何代價地隨心所欲。她在

第八章　兒童在家庭中的地位：情境與補償心理

一個富裕的家庭裡長大，所以小時候，父母很容易滿足她的每一個願望。但當她越長越大，父母滿足她所有的願望似乎變得不太可能，於是妹妹開始表現出她的不滿。憑著家庭經濟的信譽，她小小年紀就開始在外面借錢，不久就負債累累。這僅僅意味著她選擇了另一條道路來實現自己的願望。當母親拒絕接受她的要求時，她的良好行為就會消失。她開始和母親爭吵、哭鬧。這個女孩逐漸變成讓人非常討厭的孩子。

從這個案例以及其他相似的案例中，我們可以得出一個普遍的結論：一個孩子可以透過良好的行為來滿足他的優越感，但我們永遠不能確定當情況發生變化時，這種良好的行為是否會繼續下去。心理問卷的優點是，它讓我們更全面地了解孩子和孩子所進行的活動，以及孩子與環境和其他成員的關係。當我們開始研究這個孩子，並從問卷中獲得資訊後，就會從他的生活方式中發現一定的跡象，他的性格特徵、情緒和生活方式都是用來幫助自己追求優越感的工具，以此來增加自己的重要性，在同伴中獲得聲望。

在學校裡經常遇到一類孩子，他們似乎與這種描述相矛盾。這類孩子比較懶惰，沉默寡言，不會受知識、紀律或懲罰的影響，他生活在自己幻想的世界裡，從來沒有表現出對優越感的追求。然而，如果我們有了足夠的經驗，就有可能認知到這也是一種追求優越感的方式，儘管這種追求的方式是荒謬

的。這類孩子不相信自己有能力透過普通的方式來獲取成功，因此他避免一切改進的方法和機會。他把自己孤立起來，給人一種冷酷無情的印象。然而，這種冷酷並不包括他的全部性格；在外表冷酷的背後，人們通常會發現一個異常敏感、顫抖的靈魂，他需要這種外在的鎧甲來保護自己不受傷害。他把自己包裹在鎧甲裡，沒有人能夠靠近他。

當用一種正確的方法讓這類孩子說話時，人們會發現這種類型的人非常專注於自己，經常做白日夢，並且幻想自己總是偉大或優越的。現實與這些孩子的白日夢相差甚遠。他們假裝自己是英雄，征服了所有人；或者假裝自己是掠奪了所有人權力的暴君；或者假裝自己是救人於苦難之中的殉道者。我們經常發現這些孩子有扮演救世主的傾向，不僅是在他們的白日夢中，而且還展現在他們的行動中。當其他的孩子有危險時，他們會伸出援手。在白日夢中扮演救助者角色的孩子，經常在現實中訓練自己成為這樣的角色，如果他們還沒有被挫折消磨掉信心，當機會來臨時，他們就扮演這種角色。

某些白日夢在不斷重複地上演。君主制時期的奧地利，有許多孩子幻想著把國王或王子從危險中拯救出來。當然，父母從來不知道他們的孩子有這樣的想法。我們可以看到，經常做白日夢的孩子不能很好地適應現實，也不能讓自己成為有用的人。在這種情況下，幻想和現實之間有很大的差距。這些孩子

第八章　兒童在家庭中的地位：情境與補償心理

有時會選擇一條中間路：他們一邊做白日夢，一邊部分地適應現實。有一些人根本不做任何調整，越來越多地從現實世界抽離，進入他們自己建構的虛幻世界中。還有一些人，他們不想與想像的事物有任何關係，而是完全沉浸在現實中，例如，旅行、打獵、讀歷史類的書籍等。

毫無疑問，孩子應該有一些想像力，也應該樂於接受現實。但是我們不要忘記，孩子並不像我們以為的那樣簡單地看待這些事情，他們傾向於把世界分成兩個極端。在理解孩子時，需要記住的一個最重要的事實是，他們有很強的傾向，即把一切事物都劃分為兩個對立面的傾向，例如，高或低，要麼一切好或要麼一切不好，聰明或愚蠢，優越或低劣，有或無。成人有時也使用這種對立的認知方式。眾所周知，我們很難擺脫這種思維方式。例如，從科學的思維方式來看，我們知道冷和熱只是溫度的差異，但通常我們會把熱和冷對立來看。我們不僅在兒童中經常發現這種對立的認知模式，在早期的哲學科學中也發現了這一點。早期的希臘哲學被這種對立的觀點所支配。直至今天，幾乎每個業餘的哲學家都還在試圖用對立的方法來衡量價值。他們中的一些人甚至建立了表格：生和死，上和下，男和女……目前這種不成熟的認知模式和古老的哲學認知模式有很大的相似之處。我們可能會認為，那些習慣於把世界分成輪廓鮮明的兩個對立面的人，保留了他們兒時不成熟的

思維方式。

　　按照這種對立的方式生活的人有一個思維模式，這個思維模式可以用「要麼全有，要麼全無」這個準則來表達。當然，在這個世界上完全實現這樣一個理想是不可能的。儘管如此，他們還是按照這種思維模式來調節自己的生活。人類不可能要麼擁有全部，要麼一無所有。這兩個極端之間存在著無數種程度。這種思維模式主要是在那些自卑感很強的孩子中發現的，作為補償，他們變得過於野心勃勃。歷史上有幾個這樣的人物，如凱薩，他在爭奪王位時被他的朋友謀殺了。孩子的許多特點和性格特徵可以追溯到這種「要麼全有，要麼全無」的觀念，如固執。在孩子的生活中有很多的證據可以證明這一點，所以我們得出這樣的結論：這些孩子已經發展了一套個人哲學理論，或者說是一種違背常識的個人認知模式。可以舉一個例子來說明，一個四歲的小女孩異常地固執和反常。一天，她的媽媽為她拿來一個橘子，小女孩接過後，把橘子扔在地上說：「你給我的，我不想吃；我想吃的時候，我自己會去拿。」

　　懶惰的孩子總是一無所獲，他們越來越多地陷入白日夢、幻想和空中樓閣的虛無之中。我們不能過早地斷言這些孩子最終都將迷失自我。我們非常清楚，天性敏感的孩子很容易從現實中退縮，因為他們個人創造的幻想世界給了自身一定的保護，使他們不再受到傷害，但這種退縮不一定表明他們沒有

第八章　兒童在家庭中的地位：情境與補償心理

適應能力。與現實保持一定的距離，不僅對作家和藝術家來說是必要的，對科學家來說也是必要的，他們也需要卓越的想像力。白日夢中不切實際的幻想，無非是一個人為了逃避生活中的不愉快或現實中可能的失敗，而試圖採取的迂迴手段。

　　我們絕不能忘記，只有那些擁有豐富的想像力，並且能夠將幻想與現實結合起來的人，才是人類的領袖。他們之所以能夠成為領導者，不僅是因為他們受過更好的教育，觀察能力更敏銳，還因為他們有勇氣和有意識去面對生活中的困難，並成功地戰勝它們。許多偉人的傳記往往揭示了這一點，雖然他們的想像力對現實沒有太大用處，小時候也可能是壞學生，但他們確實培養出了觀察周圍事物的非凡能力。因此，一旦條件變得更有利，他們的勇氣就會增長，從而能再次面對現實、開始戰鬥。當然，沒有固定的規則規定怎樣把孩子培養成偉人。然而，我們應該記住，我們絕不能粗暴地對待孩子，我們必須不斷地鼓勵他們，向他們解釋現實生活的意義，這樣他們就不會在幻想和現實世界之間的巨大鴻溝面前不知所措了。

第九章
新環境是對兒童準備工作的考驗

　　個體的心理活動具有整體性,從某種意義上說,個體人格的所有表達方式都是緊密連繫在一起的,而且具有連貫性。人格不會突然發生改變,而是隨著時間的發展逐漸發生改變。現在和將來的行為總是與過去的人格一致。這並不是說個人生活中的事件是由過去和遺傳機械地決定的,但這確實意味著未來和過去有著不可分割的連繫。儘管我們不可能在一夜之間脫胎換骨,也不完全了解皮囊下的自我究竟是什麼。也就是說,除非我們表現出了自己的能力,否則我們永遠不知道自己有多大的潛能。

　　人格的發展具有連續性,並非機械的。所以,個體不僅存在教育和改進的可能性,而且還存在著隨時檢測個體個性發展的可能性。當一個人進入一個新的環境,他隱藏的性格特徵就會顯現出來。如果可以直接對個體進行實驗,那麼我們就可以透過讓他們經歷和體驗全新的和意想不到的情況,以了解他們的發展狀況。他們在新環境中的行為肯定與過去的性格相一致,而且這種行為以平時情況下沒有表現出來的方式暴露了他們的性格特點。

第九章　新環境是對兒童準備工作的考驗

就孩子而言，當他們從家裡過渡到學校，或者當他們的家庭環境突然改變時，這可能是我們了解他們性格的最佳時機。這一時期，孩子性格上的局限就像相機底片上的影像被放入顯影液中一樣清晰可見。

我們曾經觀察過一個被收養的孩子。這個孩子簡直無可救藥，愛發脾氣，誰也不知道下一秒他要做什麼。我們和這個孩子談話時，他很機智地躲開了我們的話題，只說了一些和我們的問題無關的事情。考慮了他的整體情況之後，我們認為：這個孩子已經在養父母家待了幾個月了，依然對他的養父母抱有敵意，因此他不喜歡養父母的家。

這是我們能從這種情況中得出的唯一結論。他的養父母起初搖了搖頭，說這個孩子在這裡受到了很好的待遇，事實上比他以往所受到的任何待遇都要好。但這些並不是決定性的因素。我們經常聽到父母們說：「我們對孩子嘗試了各式各樣的方法，溫柔的，嚴厲的，但毫無效果。」這也說明對孩子好本身是不夠的。有些孩子對友好的反應很好，但不能說明我們已經改變了他們。他們認為自己在一段時間內會處於有利的地位，但實際上他們根本沒有改變，父母的友好一旦消失，他們會立刻變回原來的樣子。

我們所需要的是了解孩子的感受和想法，是他如何理解自己的處境，而不是他父母的想法。在前面的案例中，我們向養

父母指出，這個孩子和他們在一起並不快樂。孩子的態度不一定正確，但一定是發生了什麼事，才會引起孩子的反感。我們還需要告訴他們，如果他們覺得自己沒有能力糾正孩子的錯誤並贏得孩子的心，他們就必須把這個孩子交給別人，因為男孩總是在反抗，他認為自己是被監禁在這裡。後來我們聽說這個男孩變成了一個真正的暴怒者，變得非常危險。如果溫和地對待這個孩子，他的情況可能會略有改善，但這還不夠，因為我們還不知道背後的原因。隨著我們進一步觀察和了解，得到更全面的資訊時，這個事情才變得越來越清楚。

這個案例的真正解釋如下：這個孩子和他養父母的孩子一起長大，他認為養父母不像關心自己的孩子那樣關心他。當然，他不能總是以這個原因為藉口來發脾氣，因此他想要離開這個家，他覺得每一件能滿足他願望的事情都是合適的，便開始採用各種不恰當的行為來滿足自己的願望。根據他為自己設定目標，並明智地採取行動，我們可以認為孩子不是智力低下。這家人過了一段時間才意識到，如果他們覺得無法改變這個孩子的行為，就必須把他送走。

如果我們因為這個孩子的過失而懲罰他，這種懲罰對他來說反而是一個繼續叛逆的最佳理由。這證實了他的感覺，即他的叛逆是正確的。我們有充分的證據來說明這一觀點，孩子的所有錯誤都是與環境對抗的結果，這只能被理解為他沒有為新

第九章　新環境是對兒童準備工作的考驗

環境的到來做好準備。儘管這些錯誤是幼稚的，但我們不必感到驚訝，因為我們在成人的生活中看到了同樣幼稚的表現。

對行為和不誇張的表達方式的解釋幾乎是一個未被探索的領域。也許沒有人比老師更有資格把所有這些形式安排成一個方案，並研究它們之間的連繫和起源。我們需要謹記，一種表達方式在不同的場合可能有不同的含義；兩個孩子做同樣的事情並不意味著它的含義也相同。此外，問題兒童的表現形式是多種多樣的，即使它們源自相同的心理原因。道理很簡單，通往同一目標的道路不止一條。

我們不能從常識的觀點來判斷對錯。孩子們犯錯誤是因為他們有一個錯誤的目標。因此，追求錯誤目標所產生的結果也是錯誤的。犯錯誤的可能性是無窮無盡的，但真理只有一個，這是人類本性的一個特點。

有幾種表達形式在學校裡沒有受到重視，但卻很重要，如睡姿。一個很有趣的例子是，有一個十五歲的男孩，他做夢產生了幻覺，夢到當時的君主弗朗西斯約瑟夫一世已經死了，君主以幽靈的形式出現，命令他組織一支軍隊，對俄羅斯發動進攻。當我們晚上去他的房間看他如何睡覺時，我們看到了一幅驚人的畫面——他以拿破崙作戰的姿勢躺在床上。第二天我們看到他時，他的姿勢依然和晚上一樣。幻覺和他清醒的態度之間的連繫似乎相當明顯。我們哄騙他進行了一場談話，試圖使他相信皇帝

還活著。但他不願意相信。他告訴我們，他在咖啡館招待客人時，總是因為自己的身材矮小而被人取笑。當我們問他是否認識一個走路姿勢和他一樣的人時，他想了一會，然後說：「我的老師，邁爾先生。」我們似乎猜到了正確的方向，當我們把邁爾看作另一個小拿破崙時，這個難題似乎就解決了。更重要的是，這個男孩告訴我們他想成為一名老師。邁爾老師是這個男孩最喜歡的老師，他在任何事情上都喜歡模仿邁爾老師。簡而言之，這個男孩的一生都可以用他的姿勢來概括了。

新環境是對孩子心理準備能力的考驗。如果一個孩子準備充分，他就能自信地應對新環境；如果他缺乏準備，他在新環境裡就會緊張，產生無能為力的感覺。這種無能為力的感覺扭曲了判斷，做出的反應也是不真實的。也就是說，他沒有順應環境的要求，因為他的反應缺乏社會情感。換句話說，一個孩子在學校的失敗不僅要歸咎於學校體制的不完善，還要歸咎於孩子本身心理準備能力的缺陷。

我們必須對新環境重新進行考察，並不是因為我們認為新環境導致兒童狀況發生惡化，而是因為新環境更清楚地反映出兒童是否做好了充分的準備。每一種新環境都可以看作對心理準備的考驗。

在這方面，我們可以再次討論調查問卷（見附錄一）中的一些要點。

第九章　新環境是對兒童準備工作的考驗

1. 孩子是從什麼時候開始出現問題的？我們的注意力立刻被一個新環境所吸引。當一個母親說她的孩子在上學前一切都好時，她告訴我們的比她真正理解的還要多，也就是說，她並沒有真正理解孩子產生問題的原因。學校為孩子帶來的負擔太重了。如果母親回答：「過去三年。」這是遠遠不夠的。我們必須知道三年前孩子的生活環境或身體狀況發生了什麼變化。

孩子對自己逐漸失去信心的第一種跡象是他無法適應學校生活。最初的失敗有時沒有得到足夠的重視，這對孩子來說可能意味著一場災難。我們必須弄清楚，一個孩子因為成績不好而挨了多少打，這些低分或挨打對他追求優越感有什麼影響。孩子可能會認為自己沒有能力取得成就，尤其是當他的父母經常說「你將一事無成」或「你就等著挨揍或受懲罰」的時候。

有些孩子會受到失敗的刺激，有些孩子則在失敗後直接崩潰。所以，必須鼓勵那些對自己和對未來已經失去信心的孩子，必須溫柔、耐心且寬容地對待他們。

如果只是粗暴地解釋孩子的問題，可能會讓孩子感到更加困惑。如果家裡姐妹兄弟的表現特別優秀，也可能會阻止孩子繼續努力。

2. 在這之前有什麼值得注意的跡象嗎？這意味著，在他的環境發生變化之前，孩子的準備不足是否足夠明顯地表露出來？對於這個問題，我們可以得到各式各樣的答案。「這孩子

的東西很亂」，這意味母親過去常常為他做一切事情；「他總是很膽小」，這意味著孩子對家庭有著極大的依戀。當一個孩子被描述為虛弱時，我們可能會認為他生來就身體虛弱，並且因為身體虛弱而被寵壞了，或者因為他長得醜而被忽視。這個問題也可能包括孩子的智力低下。孩子發育得很慢，因此人們可能會懷疑他的智力有問題。儘管後來他逐漸長大，擺脫了這種發育緩慢的情況，但他仍然會有被嬌慣或被束縛的感覺，這種感覺會使任何應對新環境的嘗試都變得更加困難。如果我們認為孩子懦弱又粗心，我們可以確定他想要藉此得到更多的關注。

　　老師的首要任務是贏得孩子的信任，然後培養孩子的勇氣。當一個孩子笨手笨腳時，老師要先觀察他是否是左撇子。如果孩子笨拙到誇張的程度，老師應該弄清楚孩子是否完全理解自己的性別角色。在女性環境中長大的男孩，他們會避開和其他男孩的交往，因此他們容易被人們戲弄和嘲笑，並且經常被當作女孩對待。這些男孩已經習慣了女孩的角色，然後發展出相當激烈的內心衝突。如果孩子對男性和女性之間的本質差別一無所知，這會使他們相信改變自己的性別是可能的。而當最終發現他們的身體構造是不可改變的時候，他們會試圖根據想要成為的性別，發展出男性化或女性化的心理特徵進行彌補。他們會在穿著和舉止上表現出這些傾向。

第九章　新環境是對兒童準備工作的考驗

　　有些女孩對女性職業產生了厭惡，其主要原因是人們普遍認為這種工作是沒什麼價值的，這確實展現了我們當今社會文明的一個缺陷。男性享有女性所沒有的特權，這一傳統仍然存在。我們的文明顯然對男性更有利，容許男性為自己制定其所享有的某些權利。生兒子通常比生女兒更令人高興。這對兒子和女兒都會產生不利的影響。自卑的鋒芒很快就會刺痛女孩，而男孩則被期望壓得喘不過氣來。在成長過程中，女孩的發展受到限制。有些國家，這種強迫不再那麼明顯，如美國。但即使是在美國，社會關係方面也還沒有達到平衡。

　　我們在這裡關心的是反映在兒童身上的，社會大環境對人類心理的影響。接受女性的角色，可能意味著要接受一些困難，有時這會引起反抗。這種反抗常常表現為任性、固執、懶惰，所有這些表現都與追求優越感有關。當女孩出現上述行為時，老師必須清楚這個女孩是否對自己的性別不滿意。

　　這種特別的不滿情緒可能會發展到其他領域，從而使生活成為一種負擔。有時，我們甚至希望生活在另一個星球上，那裡的人類沒有性別之分。這種錯誤的思維方式會導致各式各樣的荒謬之舉，或導致個體變得徹底冷漠、犯罪，甚至自殺。如果我們對女孩採取懲罰或缺乏情感關愛的方式，只會強化孩子的這種不滿情緒。

　　當孩子以一種不唐突的、正常的方式認知到男女之間的區

別,並被成人教導兩者同等重要時,這種不幸的情況是可以避免的。通常情況下,父親似乎擁有某種優勢。父親似乎是整個家庭的所有者,他指導和制定規則,向妻子做出指示,並定奪一切。兄弟們試圖凌駕於姐妹之上,並透過嘲笑和批評使她們對自己的性別感到不滿。心理學家表示,兄弟們的這種行為源自他們自己的軟弱感。能做什麼與僅僅看上去能做完全不同。到目前為止,這種認為女性不能取得偉大成就的觀點是毫無價值的。在此之前,女性還沒有被培養去做大事。男性把襪子放在女性手中,讓她們修補襪子,並試圖讓女性相信那是她們的本職工作。雖然這種情況目前已經有所改觀,但是現在我們培養女孩的教育方式,卻沒有顯示出我們期待她們像男孩一樣有所成就。

　　阻礙女孩做好準備,然後又反過來對她們負面地批評打擊,這是目光短淺的做法。改善目前的狀況並非易事,因為不僅父親這樣認為,母親也覺得男性特權是合理的,並按照這一理念撫養他們的孩子。父母教導孩子男性權威是正確的,男孩要求女孩服從這種理念,而女孩則屈服於男性權威。孩子應該盡早地了解自己的性別,並且要知道他們的性別是不可改變的。正如我們所說的,女性對男性的權威和優越感產生了怨恨。當這種怨恨特別強烈,以至於她們會努力表現為拒絕接受自己的性別,並盡可能地讓自己像個男人時,個體心理學把這

第九章　新環境是對兒童準備工作的考驗

類表現稱為「男性抗議」的繼發症狀，如畸形或發育不全，也會導致成人從生理結構上對自己的性別產生懷疑（女孩身上出現的男性生理特徵和男孩身上出現的女性生理特徵）。這些懷疑有時是根深蒂固的，與生理發育遲滯有關。男性比女性更明顯，如人們更容易在男性身上發現生理性的不成熟，這會使男性身上表現出女性特質。但這並不是說他們具有女性特質，而是因為他們的行為表現更像是一個孩子。如果男性的身體沒有發育完全，他們就會感到非常痛苦和自卑，因為我們社會文化的普遍理想是崇尚成熟的、比女人成就更高的男性。對女孩來說，發育不良或長得不好看也經常導致對這個問題的厭惡，因為我們的社會文化重視人的美貌。

　　性格、氣質和情感是第三性別特徵。敏感的男孩被視作女性化；沉著、自信的女孩被視為男性化。這種特質不是天生的，而是後天習得的。童年早期的這些特徵後來會被人們記下，當孩子成年後依然還會記得童年時期自己比較奇怪的行為舉止。於是，他們保留了這種異性的特質，長大後表現得像男孩或女孩一樣。他們根據對各自性別角色的解釋而發展。接下來的一個問題是，孩子的性發展和性經驗的程度如何？這意味著孩子在某個年齡就需要對這一階段的性具有一定程度的理解。我認為，至少90%的孩子，在父母或教育者最終向他們解釋性方面的問題時，他們早就已經知道了事實。關於性的解釋

沒有確切規定，因為人們無法預測一個孩子的接受能力和理解能力，或者這種解釋會對他產生什麼影響。一旦孩子要求我們對性知識進行解釋，就應該在仔細考慮孩子當時的情況後再回答。儘管對孩子做出解釋並不一定會產生壞的影響，但是不建議給出不成熟的答案。

　　養子、養女或繼子、繼女的問題更棘手。這兩種類型的孩子原本認為自己理應受到良好的待遇，並把所有的問題都歸咎於他們特殊的家庭地位。有時候，一個孩子如果失去了母親，他與父親的連繫就更緊密了。過了一段時間，父親再婚了，孩子覺得自己被拒之門外，拒絕和繼母交朋友。值得注意的是，一些孩子把他們的親生父母當作繼父母。當然，這也意味著孩子受到父母嚴厲的批評和抱怨。在許多童話故事中，繼父或繼母扮演了邪惡的角色。順便一提，對很多孩子來說，童話故事並不是完美讀物。完全禁止童話故事是不可能的，因為孩子從這些故事中學到了很多關於人性的東西。但是，為這些童話故事配上一些糾正故事中錯誤的評語，並防止孩子閱讀那些殘酷的或扭曲三觀的故事，這樣的做法是值得推薦的。有些童話故事中的壯漢行為非常殘酷，這會讓小讀者變得冷酷無情，阻礙孩子柔軟內心的發展。這是源於我們英雄崇拜的另一個錯誤觀點。男孩們認為表達同情是沒有男子漢氣概的。為什麼溫柔的情感會被蔑視，這相當令人費解。或許是因為當這種情感沒有

第九章　新環境是對兒童準備工作的考驗

被濫用時，無疑會顯得非常珍貴。當然，任何情感都有可能被濫用。

私生子也處於極其困難的境地。不用說，當男人逍遙法外時，由女人和孩子來承受沉重的負擔是非常不公平的。當然，付出最大代價的是孩子。不管人們多麼想幫助這樣的孩子，都不可能讓他們免遭痛苦，因為自身的常識很快告訴他們一切都不正常。這些孩子會受到同伴嘲笑，或者國家的法律會讓他們的生活變得很艱難，因為非婚生的不合法性也在他們的身上蓋上烙印。在所有的語言中，幾乎都有針對這些孩子的難聽的、痛苦的和帶有侮辱性的話，所以他們很敏感，很容易和別人爭吵，並對這個世界抱有一種敵對的態度。問題兒童和罪犯中有特別多的孤兒和私生子，這其實不難理解。不能將私生子或孤兒的這些反社會傾向歸咎於先天因素，這是後天的環境造成的。

第十章
學校教育與問題兒童

正如我們所說的那樣,當孩子入學時,他會發現自己處於一個全新的環境中。像所有新環境一樣,入學可以被視為對已有的心理準備的一次測試。如果孩子經過適當的訓練,就可以順利地通過測試;如果沒有,他在準備工作中的不足就會很容易暴露出來。

我們不會經常記錄一個孩子進入幼稚園和小學時的心理準備情況,但是如果我們有這樣的紀錄,就會對成人的行為有很大的幫助。這種「新環境的測試」將比普通的學業表現測試更能揭示問題。

一個孩子入學時需要準備什麼?學校工作是一項需要與老師、同學合作的任務,也是一項需要對學校科目感興趣的任務。透過孩子對新環境的反應,我們可以衡量和判斷他的合作能力和興趣範圍。我們可以知道孩子對什麼科目感興趣;可以看到他是否對別人說的話感興趣;還可以看出他對哪些事情感興趣。我們可以透過研究孩子的態度、姿勢、眼神、傾聽的方式,以及他是否友好地親近老師,或者他是否和老師保持距離

第十章 學校教育與問題兒童

等,來確定所有這些事實。

這些細節如何影響個體的心理發展,可以透過一個案例來說明。有一個來訪者在職業發展上遇到了困難,所以來諮詢心理學家。透過回顧他的童年,心理學家發現他從小都是在只有女孩的環境中長大的。在他出生後不久,父母就都去世了。到了該上學的年齡,他不知道自己應該去上女子學校還是男子學校。在姐姐們的勸說下,他進入了女子學校,但很快就被開除了。我們可以想像這在孩子心中留下什麼樣的陰影。

對學校科目的專注在相當程度上取決於孩子對老師的興趣。讓孩子保持注意力集中是老師教學藝術的一部分,當然,這也是為了發現孩子什麼時候注意力不集中或者無法集中。許多孩子上學時沒有集中注意力的能力。這些孩子通常都被家裡的人寵壞了,面對這麼多陌生的人,他們會感到茫然無措。如果碰巧老師有點嚴厲,那在老師看來,這些孩子記憶力不佳,好像完全記不住東西。但是這種記憶力差的事實並不像人們通常認為的那麼簡單,因為被老師責備記憶力差的孩子可以記住其他事情。他們甚至能夠集中注意力,但僅限於在家裡被寵愛的情況。他們專心於想要得到寵愛的欲望上,而不是專心於課業上。

如果這樣一個孩子不能在學校裡取得成功,如他的成績不好甚至考試不及格,批評或責備他是沒有用的。批評和責備不

會改變他的生活方式。相反,這樣的事情會使他認為自己不適合上學,從而使他形成更為負面、悲觀的態度。

重要的是,當寵壞的孩子被老師說服時,他們往往會成為好學生。當他們有優先權或處於優勢時,就可以學習和表現得很好。然而,不幸的是,我們並不能保證他們在學校裡總是受到寵愛。如果一個孩子換了學校或者換了老師,或者他在某個特定的科目上沒有取得進步(對被寵壞的孩子來說,算術一直是一個難以學好的學科),他的那些正面行為就會消失。他不能繼續保持正面行為,因為他已經習慣於輕易達成自己所有的目標。他從未受過嚴格的訓練,也不知道如何努力。他沒有耐心去面對困難,也沒有努力向前邁進的意識。

由此,我們明白了為入學做好充分的準備意味著什麼。在準備不充分的情況下,我們總能看到母親的影響。我們知道母親是第一個喚醒孩子興趣的人,而且母親還肩負著把孩子的興趣引導到健康道路上的重要責任。如果她沒有像往常那樣盡到自己的責任,其後果就會在孩子於學校的行為中表現出來。除了母親的影響,還有來自整個家庭的複雜影響,如父親的影響、孩子之間的競爭。我們在其他章節中已經分析過這些內容。此外,還有外部環境的影響,如惡劣的環境和社會的偏見等,我們將在第十一章詳細討論這一內容。

簡而言之,所有這些情況都會造成孩子入學準備不足。所

第十章　學校教育與問題兒童

以，僅僅根據孩子的學習成績來判斷他們的做法是荒謬的。我們更應該把學校的報告看作對孩子目前種種心理狀況的反映。孩子得到的不僅僅是反映學習成績的分數，這些分數還反映了他的智力、興趣、專注能力等。學業測試與智力測試等科學測試有著相同的解釋，儘管它們的測試結構有所不同。在這兩種情況下，重點都應該放在孩子的思維和心理狀態上，而不是孩子記下了多少知識。

近年來，所謂的智力測驗已經有了很大的發展。這些測驗對老師產生了很大的影響，而且有些時候，這些測驗有一定的價值，因為它們揭示了普通考試難以測量的東西。它們偶爾還會幫助和解救孩子。因此，當一個男孩的學習成績不好，老師想把他降一級放在一個水準較低的班級時，這個孩子的智力測驗分數卻出乎意料地高。於是，這個孩子不僅沒有降級，反而被允許跳級了。男孩充滿了成就感，此後的行為也與以往大不同了。

我們不想低估智力測驗和智商的作用，但必須強調的是，如果使用智力測驗，孩子和父母都不應該知道測試的分數。因為父母和孩子都不了解智力測驗的真正價值，他們認為這代表了一個終極的、絕對的評價，它代表著孩子的命運，從此孩子的命運受到了它的限制。事實上，智力測驗所揭示的結果如果被視為絕對的結果，就很容易受到質疑。智力測驗的高分數並

不能保證未來一定會取得成功，另一方面，其他方面都很成功的成人在智力測驗的得分上也不一定高。

根據個體心理學家的經驗，當個體的智力測驗得分較低時，如果能找到正確的方法來訓練他們，孩子的智力分數可以得到提高。其中一種方法是讓孩子做特定的智力測驗試題，直到他找到正確的技巧，以及做好參加這種測驗的充分準備。透過這些方法，孩子可以取得進步，累積考試經驗。他將能夠在之後的考試中取得更好的成績。

關於孩子如何受到學校日常教學的影響，以及他們是否受到學校繁重的學業課程的壓迫，這是一個很大的問題。我們不應低估學校課程的重要性，我們也不應認為教授的科目數量應該減少。重要的是我們要教孩子學會把知識融會貫通，這樣孩子就會了解學習的目的和實際價值，而不是把它視為純粹的抽象化和理論化的知識。目前對於這個問題尚有很大的爭議，即我們是應該教孩子學習學科知識和客觀事實，還是應該培養和塑造孩子的人格。在個體心理學看來，兩者可以結合進行。

正如我們所說，教學的主題應該是有趣的和實用的。算術和幾何學應該將建築物的風格和結構、可以居住的人數等連繫起來教授。有些科目可以聯合在一起進行授課。在一些更先進的學校裡，一些老師知道如何教授相互關聯的科目。他們透過和孩子一起散步，發現孩子對哪些科目更感興趣。他們嘗試組

第十章　學校教育與問題兒童

合各個科目進行教學，例如，在有關植物的教學中，結合植物的歷史、國家的氣候等知識。這樣一來，老師不僅激發了孩子對那些原本不感興趣的科目產生興趣，而且教會孩子綜合地、融會貫通地處理問題的能力，這是所有教育的最終目標。

還有一點是教育者不能忽視的，那就是學校裡的孩子覺得他們自己處於個人競爭中。我們很容易理解為什麼這一點很重要。理想的學校班級應該是一個整體，每個孩子都覺得自己是其中的一分子。老師應該注意把競爭和個人進取心控制在一定範圍內。孩子不喜歡看到別人勇往直前取得進步，他們要麼會不遺餘力地超越自己的競爭對手，要麼會陷入對事物的失望和絕望中。這就是為什麼老師的建議和指導如此重要。老師一句恰當的話將會把孩子的精力從競爭的道路引向合作的道路上。

因此，在班級中實行改進的自我管理制度是有益的。我們不必等到孩子完全準備好自我管理後才實施這類計劃。我們可以讓孩子先觀察制定這種計劃後會發生什麼情況，或者為其提供行為改進的建議。如果孩子在沒有準備充足的情況下被給予完全的自我管理，我們就會發現他們在懲罰上比老師更嚴厲，他們甚至會利用自己的職權來謀取個人利益，實現自己的優越感。

關於孩子在學校取得的進步，我們必須同時考慮老師和孩子的看法。有趣的是，孩子在這方面有很好的判斷力。他們知

道誰在拼寫、繪畫和體育方面最好。他們可以很好地互相評價。儘管有時他們的評價對別人並不公正，但是一旦他們意識到這一點，就會努力做到公平公正。他們面臨的最大困難就是低估自己。他們認為「我永遠趕不上了」。這是一種錯誤的觀念，他們會趕得上其他人的。我們必須指出他們在判斷上的錯誤，否則這會成為伴隨終生的思維定式。一個抱有這種信念的孩子永遠不會進步，他會永遠待在原地。

大多數的在校兒童幾乎是處於同一水準的，他們可以被劃分為優異的、中等的和較差的，並且他們幾乎會保持著這種狀態。這種狀態與其說反映了孩子大腦的發展狀況，不如說反映了心理態度的慣性。這表明孩子開始限制自己的能力，並且在幾次測驗之後不再保持樂觀。但是，相對性的變化偶爾還是會發生。這一事實很重要，因為它表明，我們不能以宿命論決定孩子的智力狀況。孩子應該知道這一點，教育者應當教導孩子如何正確看待自己的成績。

老師和孩子都應該破除這種迷信的看法，即認為智力正常的孩子所取得的成績應該歸功於特殊的遺傳因素。這也許是在兒童教育方面犯下的最大錯誤 —— 相信能力是與生俱來的。當個體心理學第一次指出這一點時，人們認為這只是我們樂觀的推測，而不是基於科學事實得出的結論。但是現在，越來越多的心理學家和精神病學家開始接受這個觀點。遺傳太容易成

第十章　學校教育與問題兒童

為父母、老師和孩子的「擋箭牌」,即他們的藉口。每當遇到需要努力解決的困難時,他們總是可以依靠遺傳來推卸他們做錯事情的責任。但是,我們沒有權利逃避責任,對於任何可能使我們免於承擔責任的觀點,我們都應始終持有懷疑。

任何一個相信自己的工作有價值的教育者,任何一個相信教育可以塑造人格的教育者,都不可能一貫地接受遺傳論的觀點。我們在這裡討論的與生理遺傳無關,因為身體缺陷,甚至生理能力的差異都是遺傳的。但是,生理功能和心理能力之間的橋梁在哪裡呢?個體心理學堅定認為,個體的心理能力展現著身體所具有的能力水準,因此必須加以考慮。有時候,個體會被自己的身體缺陷嚇到,心理損耗太多來應對這個問題,以至於生理的症狀消失後,這種恐懼還會持續很長時間。

人們總是喜歡追溯事物的起源,尋找現象產生的根源。但是,我們在評價一個人的成就時經常使用這種觀點是很有誤導性的。這種思維模式的常見錯誤是忽略了我們每個人都有很多祖先,忘記了每個人都有父親和母親。如果我們要建構家譜,往上追溯五代,會有 64 位祖先,在 64 位祖先中,我們無疑可以找到一個聰明的人,把後代的能力歸功於這位祖先優秀的基因。如果我們往上追溯十代,會有 4,096 個祖先,那麼毫無疑問,我們可以在這麼多的祖先中找到一個非常有能力的人。但我們也不應忘記,一個非常有能力的人為一個家庭帶來的傳統

或營造的氛圍也具有類似遺傳的效果。這樣，我們就能理解為什麼有些家庭比其他家庭還要能培養出更多的人才。這並不是遺傳，而是家庭環境的作用，這是非常顯而易見的事實。試想一下，在歐洲，當每個孩子都被迫繼承父親的職業時，情況會是怎樣的。即使我們暫不考慮社會制度的影響，遺傳的統計數據也會令人驚嘆。

除遺傳外，對孩子造成最大困難的問題是對學習成績差的懲罰。如果一個孩子的學習成績不好，那麼他也會不太喜歡老師。因此，他在學校裡受苦，回到家，他也要受到來自父母的責備，甚至還經常挨打。

老師應該牢記糟糕的成績單會帶來的後果。有些老師誤以為，如果孩子必須讓父母知道自己糟糕的成績，他會更加努力。但老師忘記了有些孩子的家庭環境很特殊。在有些家庭裡，孩子是在一種相當殘酷的培養方式下長大的。在這樣的家庭裡，孩子會考慮再三要不要把成績單帶回家。一般來說，孩子根本不可能把成績單帶回家，甚至可能會因為害怕父母而走向極端。

老師不需要對學校制度負責，但在任何可能的情況下，他們都應該以同情和理解的個人情感來緩和客觀嚴厲的學校制度。因此，老師可以因為學生的家庭環境，而對這個特殊的孩子溫和一點，透過比較溫和的方式鼓勵他，而不是把這個孩子

第十章　學校教育與問題兒童

逼上絕路。如果一個孩子總是得到很差的成績，總是被別人說他是學校裡最差的學生，最後他自己也會信以為真，他的內心會很沉重。如果我們遇見這樣一個孩子，就很容易理解他為什麼不喜歡上學。這才是人之常情。如果有個孩子處於一個經常受到批評、學習成績差並且永遠不可能趕上的環境，那麼他就不會喜歡這個地方，並且試圖擺脫這個地方。因此，面對這樣愛逃學的孩子時，我們不應該感到沮喪和生氣。

雖然我們不應該對此驚慌，但是也應該意識到這件事情的嚴重性。對孩子來說，這意味著一個非常糟糕的開始，尤其是如果這件事情發生在青春期。這些孩子非常聰明，他們可以透過偽造成績單、逃學等方式來保護自我。一些人還會遇到和自己一樣的孩子，然後他們開始組成團夥，拉幫結派，最終走上了犯罪的道路。

如果我們接受個體心理學的觀點，即所有的孩子都不應該被認為是無可救藥的，那麼所有的這些問題都是可以避免的。我們必須相信總會找到一種方法來幫助孩子。即使在最糟糕的情況下，也會有一種特殊的方法。當然，這需要我們花心思來尋找。

讓孩子留級帶來的不良後果幾乎更不用說。老師們贊同孩子留級對學校和家庭都是一個問題。儘管這種情況可能不會發生在所有孩子身上，但是例外的情況很少。大多數留級的學生

都是長期留級的孩子,因為他們總是落後於其他的孩子,他們的問題始終沒有得到解決。

什麼時候讓孩子留級是個難題。有些老師成功地避免了這個問題。他們利用假期對孩子進行訓練,找出他們生活中錯誤的行為方式並幫助他們進行改正,這樣他們就可以順利地升入更高的年級。如果學校有專門的輔導老師制度,就可以更廣泛地實行這種方法。

德國沒有外聘老師制度,因為在我們看來,這種老師似乎完全沒有必要。公立學校的班主任對孩子的情況掌握得最全面。如果他恰當地進行觀察,就會比別人更了解班級正在發生的事情。有些人說,班主任不可能了解每個學生,因為班級太大了,人數太多了。但是如果班主任能夠在孩子入學時就觀察他們的行為,那麼班主任可以很快了解到孩子的生活方式,從而避免了很多問題。即使班裡有很多學生也能做到這一點。如果老師全面地了解了這些孩子,就可以更好地教育這些孩子。過度擁擠的班級,人數過多的課堂遠非幸事,應該避免,但這並非是教育工作中不可踰越的障礙。

從心理學的角度來看,老師最好不要每年更換一次,或者像某些學校那樣半年更換一次,老師最好隨著一個班級的學生一起升班。如果一個老師可以和同一個班級的孩子在一起待上兩年、三年或四年,這將是一個很大的優勢。這樣老師就有機

第十章　學校教育與問題兒童

會和所有的孩子親密地接觸了，他就能夠知道班級中每個孩子生活方式中的錯誤，並幫助他們改正。

孩子經常跳級，這種做法到底有沒有好處還有待商榷。通常在跳級後，他們不能滿足這一過程引起的高期望。如果一個孩子在他的班級中年齡較大，超過其他學生太多，可以考慮跳級。那些以前發展落後，但後來發展很快且得到改善的孩子也可以考慮跳級。跳級不應該只是因為孩子的成績好或者比其他孩子知道得多，如果一個聰明的孩子把時間花在課外學習上，如繪畫、音樂等，這會對他更有好處。聰明的孩子會透過這種方式學習，這也會對整個班級都有好處，因為他能激勵其他人和自己一起進步。剝奪一個班級中的好學生是不明智的。有些人說，我們應該提拔那些優秀的和聰明的孩子。但是我們並不贊同這種觀點。我們更相信這種觀點：聰明的孩子推動了整個班級向前發展，為班級注入了更多的發展動力。

研究學校裡的兩種類型的班級——資優班和放牛班，是非常有趣的事情。我們驚奇地發現，在資優班裡，有幾個孩子的智力有點問題；在放牛班裡，卻有一些學生並非像人們所認為的那樣智力低下，而是一些來自貧困家庭的學生。家庭貧困的孩子被認為是落後的，原因是他們為入學所做的準備不充分。這一點我們很容易理解。貧困家庭的父母要忙於維持家中的基本生活，不能在孩子身上花太多時間，或者他們本身可能

就沒有受過良好的教育。這種缺乏心理準備的孩子不應該被放到放牛班裡。因為對孩子來說，在放牛班裡就是一種恥辱，他們總是會受到同伴們的嘲笑。

我們在前面提到，照顧這些孩子的一個更好的方法是採用輔導老師制度。除了輔導老師，還應該有社團，孩子可以在這裡獲得額外的輔導。他們可以在社團裡做作業、玩遊戲、看書等。透過這種方式，孩子的勇氣得到訓練，同時他們從為落後兒童開設的課程中訓練挫折感。這樣的社團，再加上建設比我們現在更多、更大的操場，將會使孩子完全遠離街道，遠離不良影響。

男女同校的問題是所有教育者討論的話題。關於男女同校，有人可能會說，原則上我們應該提倡男女同校，這可以幫助男孩和女孩更好地了解彼此。但是，當我們期待男女同校，可以任憑男孩和女孩自由發展時，那就大錯特錯了。男女同校教育包括一些必須考慮的特殊問題，否則弊大於利。例如，人們通常忽略了一個事實，那就是十六歲之前女孩比男孩發育得更快。如果男孩們沒有意識到這一點，看到女孩們比他們表現更好、成績更領先，他們在心理上就會失去平衡，與女孩們進行一場毫無意義的比賽。學校的行政管理者或任課老師必須重視此類問題。

如果一個老師支持男女同校，並且了解其中的問題，那麼

第十章　學校教育與問題兒童

就可以成功地實現男女同校。但是一個不支持男女同校的老師會感到這個制度為自己帶來的負擔，那麼在他的班級裡，實施男女同校就會失敗。

如果沒有適當地對男女同校制度進行管理，又不能對兒童進行正確的引導和監督，這當然會引發性方面的問題。我們將在第十一章詳細討論有關性方面的問題。這裡可以指出，學校的性教育是一個複雜的問題。事實上，學校不是傳授性知識的好地方，因為老師無法預測他們在全班學生面前講的知識，能否被孩子理解和接受。如果孩子私下向老師詢問，情況就不一樣了。如果一個女孩詢問老師有關性方面的知識，老師應該合理地回答。

現在，我們或多或少地談到了教育行政管理這方面的內容，讓我們回到問題的核心上來。可以這麼說，透過詢問孩子的興趣，找出他們能夠成功應對的科目，我們就能找到教育兒童的方法。俗話說「一事順而百事順」，就像人類生活的其他方面一樣，教育也是如此。這意味著，如果一個孩子對一門學科感興趣，並且在這門學科上取得了成功，他就會因此受到激勵，進而學習其他的東西。老師有責任利用學生的成功作為幫助他獲得更多知識的墊腳石。僅憑學生自己是不知道如何做到這一點的，也就是說，他們不知道如何透過自己的努力來提升自己。就像從無知到擁有知識的過程一樣，我們都會迷茫。但

是老師可以做到這一點，如果老師可以利用學生已有的成功激發他們在其他方面也獲取成功，學生就會明白這一點並願意合作。

我們所說的有關興趣的主題也適用於兒童的感覺器官。我們需要清楚孩子的哪些感覺器官是最常用的，什麼感覺類型最吸引孩子。有許多孩子在視覺、聽覺和動作等方面得到了很好的訓練。近年來，所謂的手工學校受到人們的青睞，它們利用合理的原則，把教學科目與眼睛、耳朵和手的訓練結合起來。這些學校的成功表明了利用孩子的身體優勢的重要性。

如果一個老師發現了一個視覺型的孩子，那麼這個孩子在必須要使用眼睛的科目上會學得更容易，比如地理科目。對他來說，看和觀察比聽課的學習效果要更好一點。這個例子旨在說明，老師應該具備這種洞察孩子的能力。老師在第一眼看到這種孩子時，應該能立刻從這類孩子的身上獲得更多其他相關見解。

簡而言之，理想的老師有一項神聖而迷人的任務。他塑造了孩子們的心靈，人類的未來掌握在他的手中。

我們怎樣才能從理想過渡到現實呢？僅僅依靠設計教育理想是不夠的，我們必須找到方法來推進它們的實現。很久以前，本文的作者開始在維也納尋找這樣一種方法，即在學校裡建立教育諮詢診所或指導診所。（參見 Alfred Adler 的《指導兒

第十章　學校教育與問題兒童

童》（Guiding the Child），該書詳細介紹了這些診所的歷史、技術和成果。）

　　建立這些診所的目的是將現代心理學知識應用於教育系統。一位稱職的心理學家不僅應該了解心理學，而且應該了解老師和家長的生活。他還會和老師們約在一起討論問題。這位心理學家會和老師們在一起開會討論，每個老師都將提出自己班級中問題兒童的具體情況。這些孩子可能會是懶惰的、破壞班級秩序的孩子，或者是有偷竊行為的孩子等。老師們描述孩子的具體情況，然後心理學家根據自己的經驗進行提問和分析。接著大家開始一起討論：問題的原因是什麼？這種情況是什麼時候開始出現的？接下來該怎麼辦呢？並分析孩子的家庭生活和心理發展的全過程。結合他們的知識，小組就該如何對待某個特殊的孩子做出決定。

　　在下一次的會議中，孩子和母親都在場。在確定了母親的干預方式之後，首先會把母親叫進來。母親聽取孩子失敗的原因，然後講述自己的故事。接著母親和心理學家開始一場討論。一般來說，母親很高興看到大家對自己孩子的情況感興趣，關心自己的孩子，並很樂意合作。但是如果這位母親不友好，很敵對，那麼老師或心理學家會開始和這位母親討論其他相似的案例或其他母親的情況，直到這位母親克服了障礙為止。

　　最後，當影響孩子的方法達成一致時，孩子進入房間，他

看到老師和心理學家在一起。心理學家和他談話，但不談論他的錯誤。心理學家說話就像在課堂上一樣，客觀地分析問題，但要以孩子能夠理解的方式，分析孩子不正常發展的問題、原因以及想法。向孩子解釋為什麼孩子會感覺自己被限制而其他的孩子被偏愛，孩子是如何對成功絕望的等等。

這種方法已經沿用了近十五年，在這項工作中接受培訓的老師們很高興，他們也不會想放棄這項已經進行了四年、六年或八年的工作。

對孩子來說，他們從這項諮詢指導中獲得了雙重效益：那些原本是問題兒童的孩子已經變得完整了，他們學會了合作精神和勇氣。沒有被叫到諮詢診所的其他孩子也受益匪淺。當課堂上出現可能成為問題的情況時，老師會建議孩子把問題說出來。當然，老師也會指導孩子討論，孩子自己會參與進來，並有充分的機會表達自己的觀點。他們開始分析問題的原因，比如說，課堂上的懶惰。最後，他們會得出一些結論，而那個不知道用意在於自己的懶惰的孩子，也會從討論中學到很多東西。

這篇概述也旨在說明，心理學和教育學有融合的可能性。心理學和教育學是同一現實和同一問題的兩個不同方面。為了指導心理的發展，我們需要知道它的工作方式。只有了解心理學及其工作方式後，我們才能夠用其知識來指導心理達到更高、更普遍的目標。

第十章　學校教育與問題兒童

第十一章
外界環境對兒童發展的影響

　　個體心理學涵蓋了非常廣泛的心理觀和教育觀，不會忽視對「外界影響」的考慮。傳統的內省心理學太過狹隘，為了彌補它所遺漏的事實，馮特認為有必要建立一門新的科學——社會心理學。這對個體心理學來說是不必要的，因為個體心理學既是個體的，同時也是社會的。個體心理學既不會只強調個體心理而忽視對心理產生刺激的環境，也不只強調環境而忽視個體心理的重要性。

　　任何教育者或老師都不應該認為自己是孩子唯一的教育者。外界影響的浪潮會波及孩子的內心，直接或間接地對孩子產生影響。也就是說，外界環境會透過影響父母，使他們處於某種心理狀態，進而影響孩子。所有這些都是無法避免的，因此必須對外界影響加以考慮。

　　首先，教育者必須考慮經濟環境。例如，我們必須記住，有些家庭一代又一代生活在非常窘迫的環境中，這些家庭帶著痛苦和悲傷繼續奮鬥、掙扎。他們深受這種悲傷和痛苦的影響，以至於他們無法教育孩子採取健康的和合作的態度。他們

第十一章　外界環境對兒童發展的影響

生活在人類心理的極限中,在那裡,人們不能一起透過合作來工作,因為他們總是驚慌失措的。

其次,我們也不能忘記,長期處於半飢半飽或糟糕的生存環境中,會影響父母和孩子的身體健康,而這反過來又會對他們產生心理影響。我們可以從戰後歐洲出生的孩子身上看到這一點,他們比前幾代人更難撫養。除了經濟環境對孩子發展的影響,我們還應該謹記父母對生理衛生的無知所帶來的影響。這種無知與父母膽怯、溺愛的態度有緊密的連繫。父母想溺愛孩子,擔心為孩子帶來痛苦。但有時他們又很粗心大意,例如,他們認為孩子過於彎曲的脊椎會隨著孩子年齡的增長而恢復正常,所以他們沒有在合適的時間內帶孩子去看醫生。顯然,這是一個錯誤的做法,尤其是在有醫療服務的城市。不良的身體狀況如果不及時得到糾正,可能會導致嚴重和危險的疾病,也可能會留下不好的心理傷疤。所有的疾病在心理上都是一個「危險的角落」,要盡量避免。

如果這些「危險的角落」無法避免,那麼透過培養孩子的勇氣和社會意識,可以大大降低傷害。實際上,一個孩子只有在不具有社會意識的情況下,才會在心理上受到疾病的影響。當一個孩子在他認為自己是社會整體一部分的環境中長大,就不會像一個嬌生慣養的孩子那樣受到危險疾病的影響。

病史通常顯示為心理問題的開始,這些疾病包括百日咳、

腦炎、舞蹈症等。人們認為這些疾病是心理問題導致的。但實際上，這些疾病只是問題的催化劑，在某些情況下，才會暴露出孩子隱藏的性格缺陷。在生病期間，孩子會受到家人的關愛和關注，孩子感受到了自己的力量，並且發現自己能夠統治家庭。在生病期間，他看到父母臉上的恐懼和焦慮，他知道這都是因為自己。病好了之後，他想繼續成為關注的焦點，並試圖用自己的怪想法和要求來控制父母。當然，這只會發生在一個從未接受過社會情感訓練的孩子身上，他只是需要一個機會來展現自己的追求。

有趣的是，另一方面，疾病有時可能是孩子性格改善的契機。這裡有一個案例，是一位學校老師的第二個孩子。老師非常擔心這個男孩，不知道該拿他怎麼辦。他有時會離家出走，在學校裡總是班上最差的學生。有一天，正當父親準備把他送到少年輔育院時，男孩被發現患有髖關節結核。這種疾病需要父母長期持續護理。當男孩康復後，他成了家裡最好的孩子。這個男孩所需要的，就是疾病引起的父母對自己的額外關注。他以前不聽話是因為他總覺得自己處在一個聰明哥哥的陰影下。因為他不像哥哥那樣受人喜歡，所以他總是用打架、爭吵的方式來博取關注。但是這場病讓他相信，他也可以像哥哥那樣得到父母的欣賞和關愛，所以他學會了良好的行為舉止。

關於疾病，還需要注意的是，孩子所經歷的疾病的記憶，

第十一章　外界環境對兒童發展的影響

常常為他們留下深刻的印象。孩子對會有生命危險的疾病和死亡感到驚訝和詫異。留在他們腦海中的印記會在以後的生活中顯現出來，因為我們發現許多人會對疾病和死亡感興趣。這些人中，一部分人找到了正確的方法來利用他們對疾病的興趣，即他們在未來成了醫生或護士，但是還有很多人總是害怕和顫抖，疾病對他們造成了困擾，阻礙他們從事更有用的工作。在對 100 多名女性的傳記進行研究後顯示，近 50% 的女性承認，她們一生中最大的恐懼是對疾病和死亡的恐懼。

父母應該注意，不要讓孩子童年時的疾病對他們留下太深的印象。父母應該為孩子做好心理準備，避免他們被疾病所帶來的衝擊突然擊垮。父母應該為孩子留下這樣的印象──生命是有限的，但依然有足夠的時間讓我們活得精彩。

童年生活中另一個「危險的角落」是與陌生人、熟人或朋友的接觸。這些人與孩子的接觸中所犯的錯誤，是由於他們並不是真的對孩子感興趣。他們只是想在短暫的時間裡，逗孩子開心，或者做一些能夠吸引或影響孩子的事情。他們高度讚揚孩子，導致孩子變得自負。在他們與孩子短暫的相處中，他們想方設法寵愛孩子，從而為孩子日常生活中的教育者帶來麻煩。這些情況是應該避免的，陌生人不應該干涉父母的教育方式。

同樣，陌生人經常誤解孩子的性別，把男孩叫做「小美女」，稱女孩為「小帥哥」。這也是應該避免的，原因我們將在

關於青春期的章節中再作討論。

家庭的總體環境自然很重要，因為它讓孩子知道家庭參與社會生活的程度。換句話說，這為孩子提供了有關合作的第一印象。在封閉的家庭中長大的孩子，會在家庭成員和家庭外的人之間劃出一條清晰的界限。他們覺得好像有一道鴻溝把家和外面的世界隔開了。顯然，他們是從敵對的角度看待這個問題的。封閉的家庭生活不會促進社會關係的發展，這只會使孩子們多疑，只為自己的利益著想。這樣一來，就會阻礙孩子的社會意識的發展。

一個三歲的孩子應該已經準備好和其他孩子一起玩遊戲，不應該被突然出現的陌生人嚇到。否則，這個孩子以後會變得非常羞怯和忸怩不安，自我意識很強，並且會對他人懷有敵意。一般來說，這類孩子的特點可以在被溺愛的孩子中發現。這樣的孩子總是想「排斥」他人。

如果父母很早就糾正這些問題，可以肯定孩子以後會免於遭受很多麻煩。如果一個孩子在三歲到四歲時得到父母良好的家庭教育，父母訓練他和別人一起玩耍，並培養他的共同集體意識，那麼他不僅可以免於變得害羞和以自我為中心，而且還可能避免精神官能症，甚至精神錯亂等疾病。精神錯亂和精神官能症只會發生在那些孤立生活的人身上，因為他們對其他人不感興趣，也沒有合作的技巧。

第十一章　外界環境對兒童發展的影響

當我們談到家庭環境的問題時，可能會提到由於經濟環境的變化而產生的困難。如果一個家庭曾經很富有，特別是在孩子很小的時候，之後家道中落，這顯然會是一個困難的局面。這種情況對一個被寵壞的孩子來說是難以承受的，因為他無法像以前那樣受到足夠的關注；他懷念過去優越的生活，並對現在的生活表示不滿，抱怨現在的生活。

如果一個家庭突然富裕起來，這也會為撫養孩子帶來困難。在這種情況下，父母沒有準備好合理地使用他們的財富，尤其是在孩子身上，他們特別容易犯錯誤。他們想要給孩子一段美好的時光，所以寵愛孩子，溺愛孩子，甚至覺得現在在任何事情上都不需要吝惜。結果，我們發現問題兒童經常出現在近期暴富的家庭中。

如果對孩子進行適當的合作訓練，這些問題甚至災難是可以避免的。所有這些情況就像是一扇敞開的大門，孩子可以透過這扇大門逃避必要的社會合作訓練，因此我們必須特別警惕它。

孩子不僅會受到物質環境異常的影響，如貧困和暴富，他們還會受到心理環境異常的影響。我們對家庭情況所產生的心理偏見是存在的，這些偏見可能源於個人行為，例如，父親或母親在社會上做了一些不光彩的事情。在這種情況下，孩子的思想會受到很大的影響。這個孩子將在恐懼和擔憂中面對他的

未來。他會想要在同伴面前隱藏自己，也會害怕被人發現自己的父母是這樣的人。

父母不僅有責任為他們的孩子提供閱讀、寫作和算術方面的教育，而且有責任為孩子的發展提供適當的心理基礎，這樣孩子就不會比其他人承受更多的困難。因此，如果父親是一個酒鬼，或者脾氣暴躁，這一切都會影響到孩子。如果婚姻是不幸福的，如果丈夫和妻子經常吵架，那麼孩子就要為此付出代價。

這些童年經歷就像是孩子靈魂中的刻痕，他很難忘記。當然，如果孩子接受過合作方面的訓練，也許可以消除這些影響。但是，正是這種情況為孩子帶來了磨難，使他無法從父母那裡得到訓練。這就是為什麼近年來兒童職能治療興起的原因。如果父母由於這樣或那樣的原因不能完成任務，那麼這些工作必須由一個受過專業心理訓練的人員來接手，引導孩子過上健康的生活。

除了源自個人情況的偏見，還有基於國籍、種族和宗教的偏見。人們總會發現，這種偏見不僅影響到被羞辱的孩子，也會影響到其他人 —— 那些做出羞辱行為的好鬥的人。他們變得傲慢和自負，他們認為自己屬於一個享有特權的群體。但是當他們試圖為自己建立真正的特權時，都會以失敗告終。

民族或種族之間的偏見當然是戰爭的根本原因。如果要拯

第十一章　外界環境對兒童發展的影響

救文明和進步，就必須消除戰爭為人類帶來的巨大災難。老師的任務是讓孩子們看到戰爭的真面目，而不是讓他們有機會透過玩槍和劍來表現自己的優越感。這不是為有修養的生活方式所做的適當準備。有許多男孩是由於童年的軍事教育而去參軍的。但是，除了那些參軍的人，還有很多人是因為童年時代的勇士遊戲而終生留下的心理殘疾。他們總是像戰士一樣生活，肩上扛著沉重的包袱。他們從來沒有學會與人相處的藝術。

在聖誕節和其他玩具暢銷的節日裡，父母應該特別留意孩子手中的玩具和遊戲的類型。他們應該杜絕武器和戰爭遊戲，以及所有崇拜戰鬥英雄和戰鬥事蹟的書籍。

關於如何選擇合適的玩具，可以說的有很多，但原則上我們應該選擇能激發孩子合作意識和有意義的類型。我們可以很好地理解，孩子親自動手組裝玩具的遊戲過程，比玩現成的玩具更有價值，比如只需要孩子擺弄一個玩偶或一隻模型狗等等。順帶一提，關於動物，應該教導孩子不要把動物當作玩具或遊戲，而是把牠們當作人類的夥伴。孩子不應該害怕動物，也不應該對牠們發號施令或殘忍虐待。有些孩子會虐待動物，人們這時可能會懷疑他們有支配和欺負比自己弱的人的傾向。如果家裡有動物，如鳥、狗和貓，應該教孩子把牠們看作和人類一樣有生命的生物。動物也和人類一樣，能夠感受到痛苦。與動物建立適當的友誼，可以為孩子的社會合作做準備。

在孩子的生活環境中，總是會有各種親戚。首先是祖父母，我們必須以公正的態度來考慮他們的困境和處境。祖父母的地位在我們的文化中是一種悲劇。隨著子孫逐漸長大，祖父母應該有更廣闊的發展空間，有更多的職業和興趣。但在我們的社會中，情況正好相反。老人覺得被拋棄了，或者說他們感到被遺忘在了某個角落裡。遺憾的是，如果這些老人有更多工作和奮鬥的機會，他們可以取得更大的成就，而且會更加幸福。我們不建議六十歲、七十歲甚至八十歲的人退休，因為繼續工作要比改變一個人整體的生活方式容易得多。但由於錯誤的社會習俗，我們將老人區隔開來，即使他們仍然充滿了活力。我們不給他們繼續自我表達的機會，結果會發生什麼呢？我們在祖父母身上犯的錯誤會影響到孩子。祖父母總是想要證明自己還有活力，還有價值，但其實他們並不需要證明。為了證明這一點，他們總是干涉孫輩的教育。他們過度寵愛孩子，試圖證明他們知道如何撫養孩子，但這是一種災難性的方式。

我們應該避免傷害這些善良老人的感情。儘管應該給老人更多活動的機會，但也應該讓他們了解到，孩子應該作為獨立的人成長，而不應該成為其他人的玩物，更不應該被家庭關係利用。如果老人和孩子的父母發生爭執，他們為了讓自己這一方更有利，會讓孩子選擇站在哪一邊。但請不要使用這種方法，不要把孩子捲入其中。

第十一章　外界環境對兒童發展的影響

當我們研究精神病患的傳記時，我們經常發現他們是祖母或祖父最喜愛的孩子。我們馬上就會明白這是導致他們的童年出現問題的原因。祖父母的偏愛要麼導致對孩子的縱容，要麼導致引起其他孩子的競爭和嫉妒。還有許多孩子會對自己說：「我是祖父（母）最喜歡的孩子。」如果這些孩子發現自己不是其他人最喜歡的，他們就會感到很受傷。

還有一些親戚扮演了非常重要的角色，那就是「聰明的表兄弟姐妹」。孩子們可能認為他們的表兄弟姐妹非常討厭。因為有時他們不僅才華橫溢，而且還很漂亮。我們很容易看出，當一個孩子被提醒他有一個才華橫溢或美麗的表兄弟姐妹時，會為他帶來什麼樣的麻煩。如果他有勇氣和社會意識，就會明白，聰明只是意味著得到了更好的訓練，並會想辦法超越聰明的表兄弟姐妹。但是，如果他認為才華和聰明是與生俱來的，有些人天生就才華橫溢，那麼孩子就會感到自卑，並認為自己受到命運不公的對待。這樣一來，他的整個發展都將受到阻礙。至於美和漂亮，這當然是大自然的禮物、上天的饋贈，但在我們的社會文化中經常過於重視人的美貌。我們還可以看到，當孩子痛苦地想到他有一個美麗的表妹時，他的內心會非常痛苦，這自然還會引起孩子生活方式上的錯誤。即使過去了二十多年，人們仍然能強烈地感受到童年時對漂亮表妹的嫉妒。

戰勝這種對外在美的盲目追求的唯一方法，就是教育孩子

們身心健康以及與人相處的能力比外在的美更重要。無可否認的是，美貌是有價值的，出生於一個擁有美麗樣貌的家族是更稱心如意的。但是，在任何對事物的理性規劃中，都不能把一種價值孤立於其他價值之外，並將其作為最高目標。對於美貌也是如此。我們在犯罪的人群中發現一些非常英俊的男孩，當然也有一些非常醜陋的男孩，這一事實足以證明美不能夠使人擁有理性和美好的生活。我們可以理解這些英俊的男孩是如何成為罪犯的。他們知道自己很帥氣，認為一切都會朝著有利於自己的方向發展。因此，他們沒有為生活做好充分準備。然而，後來他們發現不努力是解決不了問題的，所以他們選擇了阻力最小的道路。正如詩人維吉爾（Vergil）所說：「墜入地獄之路最為容易……」

關於孩子閱讀的問題，還需要多講一些。應該讓孩子看什麼樣的書？童話故事應該如何處理？這裡的要點是，我們通常忽略了這樣一個事實，即孩子理解事物的方式與成人完全不同。我們也忽略了這樣一個事實，即每個孩子都是按照自己的興趣愛好來學習的。如果他是一個膽小的孩子，他會在童話故事中發現既認可自己膽怯，同時使他總是感到害怕的故事。童話故事中的一些文章在講給孩子聽時，需要父母加以評論和解釋，這樣孩子就能夠明白故事的真正含義，而不是他主觀臆想的意思。

第十一章　外界環境對兒童發展的影響

　　童話故事當然是令人愉快的讀物，即使是成人也能從中受益。但有一點需要糾正，那就是這些故事在特定時代和特定地區所具有的含義。孩子幾乎不理解時代和文化的差異。他們讀的童話是在一個完全不同的時代寫的，他們沒有考慮到世界觀的不同。童話故事中總是有王子，而王子總是受到讚揚和誇獎，王子的整體性格會以一種非常吸引人的方式呈現出來。當然，故事裡所描述的情況固然不存在，但它們代表了一種虛構的理想化，只是適用於某個需要對王子進行崇拜的時期。這些事情我們應該告訴孩子，告訴他們神奇故事背後的虛幻。否則，他們長大後可能總是在尋找一種簡單的方式來應對問題，就像我們問一個十二歲的男孩，他長大後想要成為一個什麼樣的人時，他說：「我想成為一個魔術師。」

　　當童話故事被恰當地予以詮釋時，可以作為向孩子傳輸合作意識以及擴大他們視野的工具。關於電影，可以這麼認為，帶一歲的孩子去看電影是沒有危險的，但是年齡稍大的孩子總是會對電影產生誤解，甚至童話劇也經常被他們誤解。因此，一個四歲的孩子看了一齣在劇院上演的童話劇，幾年後，他仍然相信世界上有賣毒蘋果的婦人。許多孩子沒有正確理解這些童話或電影的主題，或者他們會一概而論。父母有責任解釋清楚這些事情，直到他們確信孩子可以正確理解為止。

　　報紙是很容易讓孩子受到影響的一種外界因素。報紙是為

成人寫的，內容不包含兒童的觀點。在某些地方有專門的兒童報紙，這些都是很好的現象。但是以普通的報紙來說，它會對那些還沒有準備好面對真實世界的孩子提供一個扭曲的生活畫面。孩子開始相信我們的生活中充滿了謀殺、犯罪和意外。事故報導對孩子來說，也會特別令人沮喪。我們可以從成人的談話中了解到，他們在童年時是多麼害怕火災，以及這種恐懼是如何一直困擾著他們。

這些例子只是父母和教育者在教育孩子時，必須考慮的外界影響中的一小部分，但是，它們卻是最重要的外界影響。這些例子也說明了如何應對外界環境影響的一般原則。個體心理學家不得不一次又一次地堅定提出「社會情感」和「自信心」這樣的口號。和其他問題一樣，這兩個口號在這裡也同樣適用。

第十一章　外界環境對兒童發展的影響

第十二章
青春期和性教育

　　整個圖書館都是關於青春期的書籍，代表這個話題的確很重要，但並不完全像人們想像的那樣。青少年並不都是一樣的，他們各有特點：努力奮鬥的孩子、笨手笨腳的孩子、衣著整潔的孩子、渾身髒兮兮的孩子等。我們還發現有些成人甚至老人的外表和行為都像青少年。從個體心理學的角度來看，這並不奇怪，只是意味著這些成人在發展的某個階段有所停滯。實際上，對個體心理學來說，青春期只是一個發展的階段，所有人都需要經歷這個階段。我們認為，任何一個發展階段或任何一個情境都不會改變一個人。但青春期確實是一種考驗，作為一種新情境，它揭示了個體過去發展的性格特徵。

　　例如，當一個孩子在被密切關注和照料的環境中長大，他沒有享受到太多的權力，並且擁有一個不能表達自己任何需求的童年。在青春期階段，生理和心理發展迅速，這樣的孩子會表現得好像掙脫了枷鎖一樣。他會快速發展，取得進步，他的人格也會沿著正確的方向發展。還有一些孩子開始停下來回顧過去，而在此過程中，他們可能無法找到當下正確的道路。他

第十二章　青春期和性教育

們對生活不感興趣，變得非常拘謹。這種跡象並非意味著他們想在青春期釋放童年時期被束縛著的能量，而是說明他們生活在一個被過度寵愛的童年時期，這剝奪了他們對生活做好充分準備的機會。

在青春期，我們能夠比以往更容易理解一個人的生活方式。原因當然是青春期比童年時期更接近真實的生活。我們現在可以更好地看到這個人對待科學的態度。我們可以看出他是否能容易地交到朋友，他是否能成為一個對他人感興趣、喜歡社交的人。

有時，個體不僅有這種社交興趣，甚至會呈現出一種誇張的表現方式。我們會遇到一些內心失去平衡的青少年，他們一心想為他人奉獻出自己的生命。他們的社交是適應過度，這也可能成為其發展的障礙。我們知道，如果一個人真的對他人感興趣，想要為公共事業工作，那他首先需要照顧好自己。如果他想要為人奉獻，那他自己首先要有一些有奉獻價值的東西。

除此之外，我們看到許多十四歲到二十歲的年輕人在社交方面感到迷茫。十四歲的時候，他們離開了學校，因此失去了與老朋友們的聯繫，但他們又需要很長時間來建立新的關係。在這期間，他們感到孤立無援。

接下來是職業問題。在這裡，青少年需要再次接受考驗。職業問題將揭示孩子在之前的生活方式中形成的態度。我們會

發現一些年輕人變得非常獨立，工作非常出色，這表明他們正走在正確的發展道路上。然而，還有一些人將在這一時期停滯，他們找不到合適的工作，總是在改變，要麼換行業，要麼換學校等等。否則他們會無所事事，根本不想工作。

這些症狀都不是在青春期突然爆發的，只是在這一時期才更明顯地表現出來 —— 其實在此之前早就埋下了這些症狀的種子。如果一個人真的了解某個孩子，就能預測出他在青春期的表現。相較於在被觀察、保護和限制的童年時期，在青春期，這個孩子更有機會獨立地表達自己。

現在我們來談談人生的第三個基本問題：愛情和婚姻。青少年對這個問題的回答會揭示他的哪些人格特徵？同樣，這和青春期之前的心理準備有關，只是在青春期這種心理活動才會更加顯著，答案也比以前更加明確。我們會發現，有些青少年對他們該如何表現是完全有把握的。他們在面對愛情問題上要麼很浪漫，要麼很勇敢。無論如何，他們都找到了對待異性的正確行為規範。

還有另一種極端的人，他們在兩性的問題上變得非常害羞。可以說，他們現在更接近成人生活了，但是他們缺乏準備。從青春期獲得的有關人格的觀點，可以幫助我們對今後生活中的行為做出可靠的判斷。如果我們想改變未來，就必須採取一些措施。

第十二章　青春期和性教育

　　一個青少年對異性表現出非常負面的態度,如果追溯他過去的生活,我們會發現,他可能是一個好鬥的孩子,也或許他是因為另一個孩子比自己更討人喜歡而感到沮喪。因此,他必須非常堅定地向前邁進,他必須傲慢,拒絕一切感情的召喚。可見,對異性的態度是他童年經歷的反射。

　　在青春期,我們經常有離開家的欲望。這可能是因為孩子對自己的家庭環境一直都不滿意,而現在他渴望有機會打破家庭的枷鎖。他不想再接受來自家庭的支持了,儘管繼續支持對孩子和父母雙方都有好處。否則,萬一孩子出了問題,缺少父母的幫助就會成為他失敗的藉口。

　　對於那些留在家裡的孩子,他們也有離開家裡的念頭,只不過程度較輕,他們利用一切可能的機會試圖在外面過夜。當然,晚上出去找點樂子比靜靜地待在家裡更有吸引力。這也是對家庭的一種無聲指責,表明孩子在家裡感受不到自由,總是受到保護和監視。因此,他們從來沒有表達自己意見和發現自己錯誤的機會。青春期是朝著這個方向開始的危險時期。

　　許多孩子在青春期還會比以前更強烈地感覺到,自己突然失去了更多的關注。也許他們曾經在學校裡是好學生,受到老師的高度讚賞,然而突然轉到一所新學校,進入一個新的社會環境,或換了一個新的職業職位,情況都會發生變化。此外,我們也知道,學校裡最優秀的學生在青春期往往難以保持最佳

狀態。他們似乎經歷了某些變化，但實際上並沒有變，只是舊環境不能像新環境那樣更真實地展現他們自己的性格。

從這裡可以看出，預防青春期煩惱的最好方法之一就是培養友誼。孩子應該成為彼此的好朋友和好夥伴。這些朋友不僅包括家庭成員，也包括家庭之外的人。家庭應該是一個相互信任的整體。孩子應該信任父母和老師。事實上，在青春期，只有被孩子信任的父母和老師才能繼續指導孩子，因為他們一直是孩子的同伴和同情者，理解孩子內心的想法。在此期間，任何其他不理解、不被信任的家長或老師都會被孩子拒之門外。孩子不會相信他們，會把他們當作完全的局外人，甚至是敵人。

正是在這個時候，一些女孩會表現出對女性角色的厭惡，並試圖模仿男孩。當然，模仿男孩的青春期惡習要比努力工作容易得多，比如抽菸、酗酒和加入幫派。此外，女孩們還會找藉口說，如果她們不模仿這些行為，男孩們就不會對她們感興趣。

如果我們分析青春期女孩的「男性欽羨」論，會發現女孩從童年早期就不太喜歡女性角色。然而，她們對女性角色的厭惡一直被隱藏起來了，直到青春期才把這種厭惡顯露出來。這就是為什麼在這個時候觀察女孩的行為是如此重要，因為只有這樣，我們才能了解她們對未來性別角色的看法。

第十二章　青春期和性教育

　　這一階段的男孩通常喜歡扮演非常聰明、勇敢和自信的男性角色。但有一些男孩害怕面對自己的問題，不相信自己能夠成為真正的男人。如果他們在之前接受的關於男性角色的教育有任何缺陷，都會在這個時候顯露出來。他們會表現出自己的柔弱，會像女孩一樣做事，他們甚至會模仿女孩的惡習，比如賣弄風騷、裝腔作勢等。

　　與男孩中這種女性化的極端例子類似，我們也可能會發現有些男孩在典型的男性特徵中表現突出，而這些特徵可能會被引向邪惡的極端。他們會在酗酒和縱慾等方面表現過度。有時，他們甚至會以犯罪的行為來炫耀自己的男子漢氣概。這些惡習存在於那些想要變得更優秀，想要成為領導者，想要讓同伴們刮目相看的男孩中。

　　然而，在這類男孩身上，儘管他們故作勇敢而又野心勃勃，但卻往往隱藏著一種怯懦的特質。比如，在美國發生的一些臭名昭彰的案例，涉及的希克曼、利奧波德和洛布就是這樣一類人。如果我們重新審視犯罪者的職業生涯，就會發現他們總想過安逸的生活，而且總是在尋找成功的捷徑。這類人很活躍，但缺乏勇氣，而這正是犯罪的完美組合。

　　有些青春期的孩子甚至開始打他們的父母。如果不去尋找其行為背後隱藏的統一性，我們可能會認為這些孩子突然變了。但是，如果我們研究一下以往發生的事情，就會意識到這

種行為與孩子的性格是完全一致的，只是他現在有了更多的能力和更多實施行動的可能性。

另一個需要考慮的是，在青春期，每個孩子都覺得自己面臨著考驗，他認為必須證明自己不再是一個孩子了。這當然是一種非常不可信的感覺，因為每次為了證明什麼，我們可能都會做得太過火。所以，這個時期的孩子也會做得太過火。

這確實是青春期最顯著的症狀。解決這個症狀的方法是向年輕人解釋，他不必讓我們相信他不再是一個孩子，我們也不需要他的證明。透過告訴他這一點，可以避免上述我們提到的誇張行為。

在女孩中，我們經常發現一種傾向於誇大自己與異性關係的行為，也就是變成「花痴」。這些女孩總是和她們的母親吵架，認為自己被壓制（也許她們真的被壓制了）。她們願意與任何自己遇到的男性有關係，以此來刁難母親。這些女孩很得意，因為她們知道如果母親發現了，母親會很痛苦。許多青春期的女孩因為和母親吵架或者因為父親太嚴厲而離家出走，隨即與男性發生了第一次性關係。

這種想法是很諷刺的，即認為女孩被父母管制就能成為好女孩，但實際上有些女孩卻因為父母缺乏心理洞察力而變成了壞女孩。在這種情況下，過錯不在於女孩，而在於父母，因為他們沒有讓女孩為她們必須面對的情境做好充分的準備。他們

第十二章　青春期和性教育

在青春期前為女孩提供了太多的庇護，結果女孩沒有培養出必要的判斷力和自立能力來應對青春期的陷阱。

有時困難不是在青春期出現，而是在青春期之後，即在婚姻中出現。原理是一樣的。很簡單，女孩們很幸運，在青春期沒有遇到不利的情況，但是遲早會有不利的情況發生，所以有必要提前做好準備。

這裡可以引用一個案例來具體說明青春期女孩的問題。案例中的這個女孩十五歲，來自一個非常貧困的家庭。不幸的是，她有一個總是生病的哥哥，母親不得不全身心來照顧哥哥。女孩從童年時期就注意到了自己得到的關注和哥哥的不同。更複雜的是，當她出生時，父親也生病了，母親不得不同時照顧父親和哥哥。女孩渴望能像父親和哥哥一樣被人關心和照顧。她在家庭的圈子裡找不到這種欣賞，直到她的妹妹出生了，剝奪了她僅有的一點點關注。正如命運的玩笑，妹妹出生的時候，父親康復了，所以妹妹得到的關注比這個女孩自己在嬰兒時期時得到的更多。孩子們都會注意到這些事情。

這個女孩透過在學校努力讀書來彌補她在家裡受到的冷落。她努力使自己成為班上最好的學生。因為成績優異，所以有人建議她繼續讀書，完成高中學業。但進入高中後，情況發生了變化。她的學習成績不再那麼優秀，原因是新老師不了解她，也不欣賞她。而對她來說，她渴望得到欣賞，但現在她在家裡

和學校都缺乏這種被人欣賞的機會。她需要找一個地方來獲得其他人的欣賞，所以她在外面找了一個可以欣賞她的男人。她和這個男人同居了兩個星期，然後這個男人厭倦了她。我們可以預測後來會發生什麼，我們可以預料到她也會意識到這不是她想要的欣賞。在這時，家人開始擔心起來，四處尋找她。突然，他們收到了她的一封信，信中說：「我服了毒藥。不要擔心，我很快樂。」自殺顯然是她追求幸福和他人欣賞失敗後的下一個想法。其實她並沒有自殺，而是用自殺作為恐嚇來獲得父母的原諒。她繼續在街上閒逛，直到母親找到她並把她帶回家。

正如我們所知道的那樣，如果這個女孩知道她一生都在努力獲得他人的欣賞，那麼所有這些事情都不會發生。此外，如果高中老師意識到這個女孩在學習上一直很優秀，她所需要的只是一定程度的欣賞，悲劇就不會發生了。在這一系列情況中的任何一個環節上，適當地善待這個女孩都可以阻止她走向毀滅。

這就提出了性教育的問題。性教育的主題最近被過分誇大了。我們可以這麼說，有許多人在性教育問題上是荒唐的，他們認為在每個年齡階段都要接受性教育，極力誇大性無知帶來的危險。但是如果我們審視自己的過去和他人的過去，我們並沒有看到他們想像中的如此巨大的困難，也沒有看到如此巨大的危險。

第十二章　青春期和性教育

　　個體心理學的經驗告訴我們，一個兩歲的孩子應該被告知他是男孩還是女孩。同時也應該向他解釋，他的性別永遠不會改變，男孩長大後會成為男人，女孩長大後會成為女人。如果這樣做了，那麼缺乏其他知識就沒那麼危險了。如果他意識到女孩不會像男孩那樣接受教育，男孩也不會像女孩那樣接受教育，那麼性別角色就會在他的腦海中固定下來，他一定會以正常的方式發展，並為自己的角色做好準備。然而，如果他認為透過某種手段和方式可以改變自己的性別，那麼麻煩就來了。如果父母總是表達想要改變孩子的性別，也會帶來麻煩。在《寂寞之井》(*The Well of Loneliness*) 這部優秀的文學作品中，我們發現了對這種情況的描述。父母經常喜歡像教育男孩一樣教育女孩，反之亦然。他們會為孩子穿上異性的服裝，然後拍照。有時也發生這樣的情況，一個女孩看起來像一個男孩，然後周圍的人開始用錯誤的性別名稱來稱呼這個孩子。這可能會引起很大的混亂，但這種情況本是完全可以避免的。

　　還應該避免任何關於性別的討論，這種討論往往低估了女性，認為男性是優越的。應該讓孩子明白男女都是平等的。這種觀點很重要，不僅是為了防止被低估的性別成員產生自卑感，也是為了防止對男性產生不良的影響。如果男孩不被教導，讓他們認為自己的性別更為優越，那麼他們就會把女孩僅僅看作欲望的對象。如果他們清楚自己未來的職責，就不會以

醜陋的眼光看待兩性關係。

換句話說，性教育的真正問題不僅僅是向孩子解釋兩性關係的生理機制，它還包括樹立正確的愛情觀和婚姻觀，以及為適應這種生活方式做適當的準備。這與社會適應問題密切相關。如果一個人沒有社會適應能力，他會在性問題上開玩笑，並完全從自我中心的角度看待問題。這種情況經常發生，這反映了我們的文化缺陷。在我們的文化中，男性更容易扮演主角，而女性必須承受痛苦。但是，男性也因為這種虛構的優越感而受苦，因為在這種優越感中，男性常常會失去作為人的潛在價值。

關於性教育的生理知識，孩子沒有必要在很小的時候就接受這種教育。可以等到孩子變得好奇，直到他們想要知道某些事情的時候再讓他們接受。關注孩子需求的父母也會知道，如果孩子太害羞，不敢問問題，父母應該在什麼時候開始去引導孩子。如果孩子感覺自己的父母是自己的朋友和夥伴，就會主動提出問題，父母只需要以孩子所能理解的方式給出答案即可。但父母要避免給出刺激孩子性衝動的答案。

在這方面，我們不必總是對性本能的過早表現感到驚恐。兒童的性發育很早就開始了，事實上是在生命的最初幾週。可以肯定的是，嬰兒可以體驗到性快感，而且他有時會試圖人為地刺激性敏感區。當我們看到兒童出現這種不好的行為時，不

第十二章　青春期和性教育

必感到害怕，應該盡我們最大的努力制止這些行為，而不要表現出我們對此過於重視。如果一個孩子發現我們在擔心這些事情，他會故意繼續做這種行為，以獲得關注。當他真的習慣利用一種行為作為引起人們關注的手段時，正是這種行為，讓我們認為他是性衝動的犧牲品。一般來說，小孩子試圖透過玩弄生殖器官來獲得注意，是因為他們知道父母害怕這種做法。這和孩子生病時的心理很相似，因為孩子已經注意到當自己生病時，他們會得到更多的照顧和欣賞。

孩子不應該被頻繁地親吻和擁抱以刺激到身體。這對孩子來說很殘酷，尤其是在青春期。孩子會在父親的書房裡發現一些輕佻的圖畫，我們經常在心理診所聽到這樣的案例。孩子們不應該看超過他們年齡界限的、與性有關的書籍，也不應該看含有性主題的電影和演出。

如果能夠避免所有這類形式的過早刺激，就不必有任何恐懼。我們只需要在適當的時候用幾句簡單的話帶過就可以了，永遠不要激怒孩子，要以平靜的方式來對待孩子，並且以某種真實簡單的方式給出答案。最重要的是，如果我們想要贏得孩子對自己的信任，就絕不能對孩子撒謊。如果孩子信任父母，他就不會相信從同伴那裡聽到的解釋——可能90％的人都是從同伴那裡獲得性知識的——並且他們會相信父母所說的話。這種合作，這種友好的情誼，比那些讓孩子相信自己能夠

回答這個問題的託詞更為重要。

　　經歷過多性行為或過早經歷性行為的兒童，通常會在以後的性行為中退縮。這就是為什麼要避免讓孩子注意到父母的性行為。如果可能，他們不應該和父母睡在同一個房間，也不應該和父母睡在同一張床上。還有，兄弟姐妹不應該睡在同一個房間裡。父母必須保持警惕，以確保孩子行為端正，同時也要注意外界的影響。

　　上述的這些論述總結了性教育中最重要的內容。我們在這裡看到，正如在教育的每個階段一樣，家庭內部的合作和友好是最重要的。有了這種合作，有了對性別角色和男女平等的早期認知，孩子對可能遇到的任何危險都有了充分的準備。最重要的是，他做好了以健康的方式繼續工作和生活的充分準備。

第十二章 青春期和性教育

第十三章
教育的失誤

在養育孩子的過程中,有些事情是父母或老師要盡力避免的,絕對不能挫傷孩子的信心,使其灰心喪氣。我們永遠不要因為孩子的努力沒有立刻獲得成功而感到失望;也不能因為孩子無精打采、缺乏興趣或極度被動而預測孩子會失敗;更不能讓自己深受迷信的影響,把孩子分為有天賦的和沒有天賦的。個體心理學認為,我們應該給孩子更多的勇氣和自信心,以激發他們的潛力。我們還要教導他們,困難並非不可踰越的障礙,反而要把它們當作需要面對和克服的問題。努力並不一定會成功,但是有許多成功的案例足以彌補那些未取得成功的案例。下面是一個男孩努力取得成功的有趣案例。

這是一個上小學六年級的十二歲男孩。他的成績很差,但他並沒有受到絲毫影響。他有一段出乎尋常的不幸過去。由於小時候患有佝僂病,他三歲左右才能走路。在他快四歲的時候,他只會說幾個字。當他四歲的時候,母親帶他去看兒童心理醫生,醫生說這個孩子沒有什麼希望了。然而母親不相信,她把孩子送到一個兒童指導機構。在那裡,他發展緩慢,也沒

第十三章　教育的失誤

有得到指導機構多少幫助。男孩六歲的時候，學校決定讓他入學。在入學的前兩年，因為在家接受了額外的輔導，所以他可以通過學校的考試。他也嘗試著通過了三年級和四年級的學業考試。

學校和家裡的情況是這樣的：男孩在學校裡表現得非常懶散，並以此引人關注。他抱怨自己不能集中注意力，不能專心聽講。他與同學們相處不好，經常被同學們嘲笑，而且他總是表現得比別人弱一點。在所有的同學中，他只有一個好朋友，兩個人經常一起散步。男孩覺得其他孩子很討厭，不想和他們有任何連繫。老師抱怨這個孩子算術差，不會寫字。但是老師相信這個男孩有能力完成和其他人一樣的事情。

鑒於這個男孩過去的經歷和他已經能夠做到的事情，很明顯，對男孩的治療一直是基於一個錯誤的診斷。這是一個飽受強烈自卑感折磨的孩子。簡而言之，這是一個有著強烈的自卑情結的孩子。男孩有一個哥哥，他在各方面表現都不錯。他的父母聲稱哥哥不用讀書就能考上高中。如果父母喜歡誇獎自己的孩子不需要讀書就可以考上很好的學校，那麼孩子也喜歡這麼吹噓自己。很顯然，不努力是不可能學到東西的。這個哥哥在教室裡專心聽講，在課堂上完成大部分的學習，並記住在學校裡聽到和看到的所有內容。而在學校不專心學習的孩子不得不在家裡繼續讀書。

這兩個男孩的差別太大了。所以弟弟不得不生活在一種壓抑的感覺中，即他比哥哥的能力差，他的價值比哥哥低得多。當母親對男孩生氣的時候，他可能經常聽到母親說這樣的話，或者哥哥經常罵他是「傻瓜」或「白痴」。他的母親還說，當弟弟不聽話時，哥哥經常踢弟弟。結果擺在我們面前：一個孩子認為自己不如別人有價值。生活中的事情似乎證實了他的這個想法。同學們都嘲笑他，他的功課總是出錯，無法集中注意力……每一個困難都讓他感到害怕。他的老師還經常說這個孩子與這個班或這個學校格格不入。難怪孩子最終會相信自己無法避免陷入困境中，並且他堅信其他人對自己的看法是正確的。當一個孩子如此沮喪以至於對未來沒有信心時，簡直是非常可悲的。

很容易看出，這個孩子已經對自己失去了信心。不是因為在我們試圖愉快地和他聊天時，他顫抖著身體，臉色變得蒼白，而是因為一個容易被忽視的小細節。當我們問他多大時（我們知道他十二歲），他回答說：「十一歲。」我們不應該把這樣的答案當成意外，因為大多數孩子都知道自己的確切年齡。有很多機會可以幫助我們查清楚這些錯誤的根本原因。當我們考慮這個孩子以往生活中所發生的事情，然後結合他的回答，我們感覺到他總是試圖重新回憶自己的過去。他想回到過去，回到比他現在更小、更弱、更需要幫助的時候。

第十三章　教育的失誤

　　我們可以根據已有的事實來重構他的人格系統。這個孩子在完成同齡段孩子的那些任務時，並沒有尋求幫助。但他認為自己表現得好像並不像其他人那樣成熟，不能和他們競爭。這種感覺自己落後於他人的狀態表現在他把自己的年齡說小這一行為上。他可能回答「十一歲了」，但在某些情況下，他表現得像一個五歲的孩子。他非常確信自己的能力不如其他人，以至於他試圖調整自己所有的動作來適應這種被自己假定的落後狀態。

　　這個孩子白天仍然尿褲子，不能控制自己的大小便。當一個孩子相信或希望自己還是個嬰兒時，他就會出現這些症狀。這些症狀證實了我們的說法，即這個男孩想要堅持活在過去，並且如果可能，他希望回到過去。

　　男孩的家中有一位女保母，她在孩子出生前就在那裡了。她非常依戀這個孩子，盡可能地代替他的母親，充當孩子的支柱。基於此，我們可以得出進一步的結論。我們已經知道這個男孩是怎樣生活的，他不喜歡早晨早起；父母對男孩要花很長的時間來起床這件事表示反感。所以結論是，這個男孩不喜歡上學。一個和同學相處不好的孩子，一個感到自己被壓迫的孩子，一個不相信自己有能力完成任何事情的孩子，不可能想去上學。所以他總是賴床。

　　然而，他的保母說這個男孩確實想去上學。因為當他最近生病時，他提出想去上學的請求。但這和我們所說的一點也

不矛盾。需要回答的問題是：「這位保母怎麼會犯這樣的錯誤呢？」情況很清楚，也很有趣。當男孩生病時，他反而提出了自己想去上學的要求，因為他非常清楚地知道保母會回答：「你不能去，因為你病了。」然而，他的家人並沒有理解男孩這種表面的矛盾，他們試圖對這個男孩做些什麼，但卻被這一過程弄糊塗了。透過觀察得知，保母也無法理解男孩到底在想什麼。

發生的另一件事直接導致了他們把男孩帶到諮詢診所。他從保母那裡拿了錢去買糖果，這也意味著他的行為仍然像個小孩子，因為拿錢買糖果是極其幼稚的行為。只有很小的孩子在無法控制對糖果的貪婪時才會這樣做，他們無法控制自己的身體機能。這在心理學上的含義是：「你必須照看我，否則我會做一些淘氣的事情。」因為對自己缺乏信心，所以這個男孩試圖不停地製造各種麻煩，好讓別人都圍著他轉。當我們比較他在家和學校的情況時，這種差異就更明顯了。在家裡，他可以讓家人和他一起消磨時間；但在學校裡，他不能。但是誰能試圖做些什麼來糾正孩子的行為呢？

這個男孩被帶到我們的諮詢診所之前，人們還認為他是一個落後的、能力不如別人的孩子，但他根本不應該被歸為這一類。他是一個完全正常的孩子，只要他重拾信心，就能像他的任何一個同學一樣取得好成績。但他總是傾向於悲觀地看待一切，在向前邁出一步之前就接受失敗。從他的一舉一動中都可

第十三章　教育的失誤

以看出他缺乏自信，這一點在老師的評語中得到了證實：「無法集中注意力，記憶力差，注意力不集中，沒有朋友等等。」他缺乏信心的事實如此顯而易見，幾乎所有人都能覺察到他的這種情緒。而且外界環境對他也是如此不利，以至於很難改變他對自己的看法。

在填寫完個人心理問卷後，我們對這個案例進行了諮詢。我們不僅要和這個男孩進行談話，還要與其他相關的成員進行談話。第一個是男孩的母親，她很早以前就認為這個孩子沒有希望了，她只是想讓他堅持上完學，好讓他最終能夠做一些工作；第二個是哥哥，因為他非常看不起弟弟。

「你長大後想做什麼？」男孩無法回答這個問題，這是一個不同尋常的特點。當一個半大的孩子真的不知道自己想成為什麼樣的人時，總是有些令人不解。儘管人們通常不會從事他們童年時選擇的職業，但這並不重要。至少，他們是由一個想法所引導的。在童年早期，孩子想成為司機、看守員、售票員，或者從事任何對他們來說有吸引力的職業。但是當一個孩子沒有物質目標的時候，人們會懷疑他想遠離未來，回到過去；或者換句話說，他想逃避未來以及與之相關的所有問題。

但這似乎與個體心理學的基本主張相矛盾。因為我們總是談到孩子們對自己優越感的追求，我們也試圖證明，每個孩子都想展現自己，想變得比別人更偉大，想要有所成就等等。突然，

我們面前有一個孩子，他的情況正好相反，是一個想要倒退的孩子，想要變得弱小，並想要依賴他人。我們該怎麼解釋呢？心理活動並非如此簡單，它們有複雜的發展背景。如果在複雜的情況下得出草率的結論，那我們便會出錯。在所有這些複雜的事物中，都藏有一些小詭計，我們需要辯證地嘗試與分析，這樣才會產生與事物表面完全相反的結果。例如，我們說這個男孩的行為是在往後倒退和掙扎，這是因為他只有以這種方式才能處在最強大的、最安全的位置上。由此可見，除非我們完全理解了事情的整體情況，否則這種情況一定會令人困惑。事實上，這種類型的孩子也在追求優越感，只不過他們的這種表現形式比較滑稽。當他們真的處在很弱小、很無助、沒有任何要求的嬰兒時期，外界對他們沒有什麼要求，他們從未感受過如此「強大」或如此有權力的狀態。因此這個孩子對自己沒有信心，怕自己一事無成，那我們是不是還要假設他願意面對一個對他有所期待的未來？他避免任何需要用自己的優點和才能來證明個人能力的情況，因此，他只剩下一個非常有限的活動範圍，在這個範圍內，這些活動幾乎對他沒有什麼要求。透過這種方式，我們可以理解，他努力追求優越感、追求認可的範圍只剩下了一小部分，和他還是個嬰兒時所追求的認可差不多。

我們不僅要和男孩的老師、母親和哥哥進行談話，還要和他的父親以及我們的同事商討。這樣一連串的會議需要大量的

第十三章　教育的失誤

工作，如果我們能贏得老師的支持，就可以節省大量的勞動力。這並非不可能，但也不簡單。許多老師仍然固守著傳統的方法和信念，認為心理測試是一件不同尋常的事情。他們中的許多人擔心，心理測試表明老師權力的喪失，或者他們認為這是一種不必要的干涉。當然，事實並非如此。心理學不是一門可以一下子就學會的科學，必須經過學習和實踐。然而，如果人們對心理學存有偏見，那它的適用範圍就很小了。

寬容也是一種必要的品格，尤其是對老師而言。對新的心理學觀點保持開放的心態是明智的，即使這些觀點似乎與我們以往所持有的觀點相矛盾。在這個男孩的案例中，我們沒有權力斷然反駁老師的意見，但在如此困難的情況下，我們該怎麼辦？根據我們的經驗，在這種情況下，除了把孩子從困境中解救出來，即讓他從那所學校轉學，也沒有其他更好的辦法。這個過程不會傷害到任何人。實際上，幾乎沒有人知道發生了什麼，但是男孩肩上的重擔可以卸下來了，他可以重新進入一個未知的、全新的環境中。在新學校裡，他可以努力不讓別人對自己形成壞印象，不要讓自己再被別人輕視。這件事的具體操作並不容易，但家庭環境與其有很大關係。可能每個案例都需要有稍微不同的處理方式。然而，當有大量精通個體心理學的老師時，他們會用善解人意的眼光來看待這些情況，並且能夠幫助學校裡的孩子，那麼處理這樣的情況就會容易得多。

第十四章
對父母的教育

　　正如我們多次指出的，這本書是寫給家長和老師的，他們都可以從對孩子心理生活的新心理學觀點中獲得益處。歸根究柢，只要孩子能夠得到適當的教育，那麼孩子的教育和發展是在父母的支持下還是在老師的支持下進行的就並不重要。當然，我們指的是學科外的教育，是孩子人格的發展，這是教育中最重要的部分，而不是學科的教學。目前，父母和老師都可以在這項教育工作中貢獻自己的一分力量：父母糾正學校的缺陷，老師糾正家庭的缺陷。但在我們的大城市，在現代社會和經濟條件下，大部分責任確實落在老師身上。總體來看，家長不像老師那樣容易接受新思想，而老師對孩子的教育有職業興趣。在為未來的孩子做準備的部分，個體心理學在培養孩子方面的願景主要在於改變學校和老師。當然，與父母的合作也不會被忽視。

　　老師在教育的工作過程中，不可避免地會與家長發生衝突，因為老師的矯正工作在某種程度上是以家長的失敗為前提的，所以這種衝突更是不可避免的。從某種意義上說，這是對

第十四章　對父母的教育

父母的一種指責，而父母通常也是這樣認為的。在這種情況下，老師該如何對待家長？

下面我們就這個問題談幾點看法。當然，這些評論是從老師的角度寫的，老師與家長如何相處可以當作一個心理問題來對待。如果家長讀到這些評語，你們不必感到自己被冒犯了，因為這些措施只適用於那些不明智的家長，他們為老師製造了一些不得不處理的麻煩。

許多老師都曾說過，與問題兒童的父母溝通往往比與問題兒童本人溝通更困難。這一事實表明，老師在與家長溝通時需要有一定的技巧。老師在採取措施之前必須假定：孩子表現出來的所有不良行為不是父母的責任。因為父母畢竟不是專業的教育者，他們通常只是按照傳統的方式來指導孩子。當父母因為孩子的問題被叫到學校時，他們感覺自己像被指控的罪犯。這種情緒代表著他們內心的愧疚，所以需要老師用最委婉的方式來處理。因此，在這種情況下，老師最可取的做法就是努力改變家長的情緒，使家長變得友好和輕鬆。老師要讓自己成為父母的幫手和協助者，幫助他們處理問題，得到家長的信任。

即使有正當的理由，老師也不應該責備父母。如果我們能夠與家長協商一致，使他們的態度有所轉變，按照我們的方法與我們一起做事時，我們就可以取得更多的成就。向父母指出他們過去教育方式中的錯誤是無濟於事的，我們需要做的是想

辦法幫助他們嘗試新的教育方式。告訴他們哪裡做錯了，只會冒犯他們，導致他們不願意合作。通常，孩子的行為問題惡化不會完全出乎意料地發生，總是有一個發展的過程。家長們來學校時，他們指責自己忽略了一些事情，有些地方做錯了，但絕對不應讓他感到我們也是這麼想的，絕對不要用斷然或武斷的口氣跟他們說話。給父母的建議也不要以命令的方式提出，這些建議裡應該有「也許」「可能」「或許」「你可以這樣試試」等這些語氣詞。即使我們知道錯誤在哪裡、如何糾正，我們也不應該像強迫孩子的父母那樣，直截了當地指出錯誤。但是，並不是每個老師都有這麼多的技巧，這些技巧也不是突然就能學會的。有趣的是，班傑明‧富蘭克林的自傳中也表達了同樣的想法。他寫道：

「貴格會（Quaker）的一位朋友曾好心地告訴我，很多人都覺得我很傲慢，我經常在談話中表現得很傲慢，在討論問題時，我都不滿足於站在正確的一方，而是傲慢無禮，相當蠻橫。他提了幾個例子來說服我，我決心改變自己。如果可以，我決心要努力消除這種惡行或愚昧，並在我的心願清單中加入『謙虛』一詞，並賦予這個詞更加廣泛的含義。」

「我不敢自誇在獲得謙虛這種美德的現實方面取得了多大的成就，但我對它有了很外在、很膚淺的了解。我養成了一個習慣，那就是不直接反駁別人的觀點，不與他人起衝突，也不

第十四章　對父母的教育

提出自己任何絕對的斷言。按照我們政黨的老規矩，我甚至禁止自己使用語言中的詞或片語來表達非常肯定的觀點，如『當然』『毫無疑問』等。我採用了以下這些詞語或表達方式來代替上述的，如『我設想』『我理解』或『我想像事情會變成這樣』，或者『這件事情現在看起來是這樣的』等等。如果其他人斷言我認為的事情是錯誤的時，我要控制自己與他發生面對的衝突，不要立即表現出認為他的主張有些荒謬等情緒。在對他的問題做出回應時，我首先會表示他的觀點在某些情況下是正確的，但在目前的情況中，在我看來，我對這個問題的觀點似乎有所不同等等。我很快就發現了這種改變自己行為方式的好處，我和別人的談話進行得很愉快。我透過謙虛方式來提出意見，這使他們更容易接受，同時減少了我和他人之間的矛盾。當我被他人發現錯誤的時候，我也不會感覺到那麼丟臉了，而當我碰巧是正確的時候，我就更容易說服別人放棄他們錯誤的觀點，進而同意我的觀點。」

「在這種模式下，起初我對自然的天性施以暴力，但最終這變得很容易，對我來說也慢慢習慣了。也許在過去的五十年裡，都沒有人聽到過我教條式的表達方式。我認為這主要是由於我在早期提出新的制度或改變舊的制度時，我的意見在同胞心中有很大的影響力，而當我成為議員時，對公共議會有很大的影響力，這主要是得益於這種習慣（前提是正直的品格）。因

為我是一個不善言辭的人，沒有雄辯的口才，在用詞上猶豫不決，在語言上幾乎不正確，然而大體上我還是堅持著自己的觀點。」

「實際上，也許沒有一種天生的激情像傲慢一樣難以征服。偽裝它，與它對抗，打倒它，扼殺它，盡可能多地羞辱它，它仍然存在，並且會不時地露出來顯示自己，也許你會在這段過去的歷史中經常看到它。因為，即使我可以想像已經完全克服了它，但我仍應該為自己的謙虛感到驕傲。」

誠然，這些話並不適合生活中的每一種情況。我們不能期待或要求大家在生活中都能如此。然而，富蘭克林的態度向我們展示了攻擊性強的反駁是多麼不合適和不成功。生活中沒有一個法則適用於所有的情況。每個法則都有一定的範圍，超出範圍後就會突然變得不可行。當然，在某些情況下，強而有力的語言是唯一正確的選擇。然而，我們要考慮到一方面是老師，另一方面是憂心忡忡的父母，而父母已經經歷了羞辱，並準備為他們的孩子承受進一步的羞辱。我們還要考慮到如果沒有父母的合作，我們就什麼也做不成。顯而易見，富蘭克林的方法是唯一合乎邏輯的、能夠幫助孩子的方法。

在這種情況下，證明自己是正確的或顯示自己的優越性並不重要。但是，在我們準備幫助孩子的這條道路上，自然會有許多困難。許多家長不想聽到任何建議。他們感到驚訝、憤

第十四章　對父母的教育

怒、不耐煩和充滿敵意,因為老師把他們和他們的孩子置於如此不愉快的境地。這樣的父母通常在一段時間內都試圖對孩子的缺點視而不見,對現實視而不見。突然,他們被迫睜開眼睛正視這個問題。對他們來說,整個事情的過程都不是令人愉快的,一個老師如果過於粗暴或過於咄咄逼人地面對這樣的家長,就很難贏得家長的支持,這是可以理解的。甚至還有些家長和老師的距離拉得更遠。他們帶著一股憤怒的情緒面對老師,使自己變得難以接近。在這種情況下,最好讓家長知道老師需要他們的幫助,最好讓他們安靜下來,讓父母與老師友好地交談。不要忘記,父母經常被傳統的、過時的方法所束縛,以至於他們無法迅速地解放自己。

例如,假如父親嚴厲的話語和尖酸刻薄的表情嚴重挫敗了他孩子的自信心,那麼十年後,這個父親很難突然表現出友好的表情和語氣。這裡可能要提到的是,當一個父親突然改變他對孩子的整體態度時,孩子一開始不會相信這種改變是真誠的。他會認為這是一個騙局,他必須慢慢地在父母的行為轉變中獲取信心。這種轉變很難,接受過高等教育的父母也不例外。有這樣一個案例,一位高中校長不斷地批評和嘮叨他的兒子,把孩子逼到了崩潰的邊緣。校長在與我們的談話中意識到了這一點,然而他回家之後又對兒子進行了嚴厲的訓誡。因為他的兒子很懶,他又發脾氣了。每次兒子做了令他不高興的事

情，他就會大發脾氣，並且說些殘忍的話。當一位以教育者自居的校長都有可能做出這種行為，可想而知那些從小就持有每個孩子都必須為自己的錯誤受到懲罰的教條式觀念的父母會是什麼樣子。因此，老師需要在與家長的對話中，盡可能地使用外交藝術，用委婉的方式來和家長溝通。

我們還要注意到，在較貧窮的底層社會中，家長要透過打罵的方式來教育孩子，這種習俗在這一階層還廣泛流傳。因此，處在這一階層的孩子，在老師那裡接受批評教育後，回到家發現等待他們的仍然是一頓猛揍。我們必須記住，如果我們的教育努力經常因為父母在家裡不明智的對待而付諸東流，這是相當可悲的。在這種情況下，我們認為孩子接受一次懲罰就夠了，但孩子往往會因為同樣的錯誤而受到兩次懲罰。

我們知道，有時這種雙重懲罰會帶來可怕的後果。下面來舉個例子。一個孩子必須帶一份糟糕的成績單回家，由於害怕挨揍，他沒有給父母看他的成績單，然後又害怕在學校受到懲罰，於是他逃學了，或者他會在成績單上偽造父母的簽名。我們絕不能忽視這些事實，也不能掉以輕心。我們需要把孩子與環境中的各種因素結合起來。我們必須問問自己：當我繼續這麼做時會發生什麼？對這個孩子會有什麼影響？我有什麼把握確信這麼做會對孩子有好處？孩子可以承受這些負擔嗎？孩子能從中學到一些有建設性的內容嗎？

第十四章　對父母的教育

我們知道孩子和大人對困難的反應是截然不同的。在我們試圖改變一個孩子的生活方式之前，必須非常小心地進行再教育，並對結果有一定的把握。在對孩子的教育和再教育中，只有進行過深思熟慮和客觀判斷的人，才能夠更有把握地預測其努力的結果。實踐和勇氣在教育工作中是必不可少的，同樣必不可少的信念是，無論在哪種情況下，總有辦法防止孩子崩潰。首先，有一條古老且廣為人知的規則，即教育開始得越早越好。有些老師習慣於把孩子的人格視為一個整體，把症狀視為整體的一部分，這樣能夠更容易理解和幫助孩子。相比於此，有些老師習慣於抓著一個症狀，並按照某種嚴格的計畫來處理，比如說，當孩子沒有完成家庭作業時，老師會立即對孩子的父母留言。

我們正在邁入一個在兒童教育方面帶來新思想、新方法和新認知的時代。在科學的指引下，人類正在廢除陳舊的習俗和傳統。我們獲得的知識賦予了老師更多的責任，但作為補償，這也使老師對兒童問題有了更深刻的理解，從而使老師更有能力來幫助他們遇到的問題兒童。更為重要的是，如果脫離了人格這一個整體，一個單一行為所闡釋的含義則沒有意義，只有當我們把它與人的其他方面連繫在一起進行研究時，我們才能更容易理解這一行為。

附錄一
個體心理學調查問卷

本問卷用於認知和治療問題兒童，並由個體心理學家國際協會制定。

1. 從什麼時候開始出現問題的？第一次發現孩子的問題時，孩子自己處於哪種情況（心理或其他方面）？

    以下情況很重要：環境的變化。如剛開始學校生活，家庭中有弟弟或妹妹出生，在學校中受到挫折或遭遇失敗，老師或學校的更換，結交新朋友，患病，父母離婚、再婚或死亡。

2. 在孩子童年早期，家長有沒有注意到孩子有任何表現不正常的地方？如吃飯、穿衣服、盥洗或睡覺時依賴他人，有生理或心理缺陷，膽怯、粗心、笨拙、嫉妒等。孩子是否害怕自己一個人處於黑暗的環境中？孩子清楚自己的性別角色嗎？性別的第一、第二或第三性徵是什麼？孩子如何看待異性？孩子對自己的性別角色了解多少？孩子是繼子或繼女嗎？是非婚生、養子、養女或孤兒嗎？孩子的養父母對他如何？他和養父母是否還有聯絡？孩子在恰當的時

附錄一　個體心理學調查問卷

間裡學會說話和走路了嗎？說話和走路時有沒有困難？長牙正常嗎？在學習閱讀、畫畫、唱歌、游泳方面有明顯的問題嗎？他是否特別依戀自己的父親、母親、祖父母或者保母？

有必要確定孩子是否對自己的環境充滿敵意，並尋找孩子產生自卑感的根源；是否有迴避困難的傾向，孩子是否表現出利己主義和敏感的特點。

3. 孩子經常惹麻煩嗎？他最害怕什麼東西和什麼人？他晚上會哭嗎？他有沒有尿床？他欺負比自己弱的孩子嗎？還是他也欺負比自己強壯的孩子？他有沒有表現出想在父母床上睡覺的強烈願望？他笨手笨腳嗎？他是否患過佝僂病？他的智力如何？他是否經常被人嘲笑或被人譏諷？他是否非常關注自己的外表，如在髮型、衣服、鞋子等方面表現出虛榮心？他是否喜歡咬指甲或挖鼻孔？他是否特別貪吃？

了解孩子在追求優越感時是否勇敢，這將是很有啟發意義的。此外，如果執拗地阻止他將想法付諸行動時，他會如何表現？

4. 孩子容易交到朋友嗎？他對人和動物表現得寬容嗎？還是他會捉弄人或折磨動物？他喜歡收藏或囤積東西嗎？他是否貪婪？他喜歡領導別人嗎？他有孤立自己的傾向嗎？

這些問題與孩子的社會交際能力及他喪失勇氣的程度有關。

5. 關於上述所有問題，孩子目前的情況如何？他在學校表現如何？他喜歡學校嗎？他會準時到校嗎？他在上學前緊張嗎？他上學時很著急嗎？他的書、書包、練習本經常弄丟嗎？他對鍛鍊和考試感到興奮嗎？他會忘記做功課還是拒絕做功課嗎？他會浪費時間嗎？他懶嗎？他注意力不集中嗎？他擾亂課堂秩序嗎？他認為老師怎麼樣？他是不是對老師吹毛求疵、傲慢、漠不關心？他是主動請求別人幫助他學習功課，還是被動地等別人來幫助自己學習功課？他在體操和運動方面有進取心嗎？他是不是認為自己能力比較低或是完全沒有能力？他的閱讀能力強嗎？他更喜歡哪種類型的文學作品？

這些問題可以幫助我們了解孩子對學校生活的心理準備程度，孩子入學後面對新情境考驗的結果，以及他對困難的態度。

6. 我們要正確了解孩子的家庭環境，包括以下資訊：是否有家族疾病？是否酗酒？是否有犯罪傾向？是否有精神官能症、神經衰弱、癲癇？家庭的生活水準如何？家庭中有人死亡嗎？家人死亡時孩子多大？他是個孤兒嗎？家庭裡最有主導權的人是誰？家庭教育是嚴格的、抱怨的、吹毛求

附錄一　個體心理學調查問卷

疵的，還是縱容的？家庭內部的影響是否會使孩子害怕生活？孩子由誰監管呢？

從孩子在家庭中的地位和態度，我們可以判斷家庭對孩子的影響。

7. 孩子在家庭中的排行屬於哪一種？他是最大的、最小的，還是唯一的孩子？是家庭中唯一的男孩還是女孩？是否有競爭、哭鬧、惡意嘲笑、貶低他人的強烈傾向？

   以上內容對性格的研究很重要，並且揭示了孩子對他人的態度。

8. 孩子對職業的選擇有什麼想法嗎？他怎麼看待婚姻？其他家庭成員都從事什麼職業？父母的婚姻生活怎麼樣？

   由此可以斷定孩子是否有勇氣和信心面對未來。

9. 孩子最喜歡的遊戲、故事、歷史和小說中的人物是什麼？他喜歡破壞其他孩子的遊戲嗎？他的想像力豐富嗎？他思考問題時頭腦冷靜嗎？他沉溺於做白日夢嗎？

   這些問題是關於孩子可能在生活中扮演英雄的性格傾向。孩子行為上的反差可能被認為是一種缺乏勇氣的表現。

10. 兒童早期的記憶是什麼？是否會出現令人印象深刻的或者週期性的關於飛行、墜落、全身無力、沒趕上火車等焦慮的夢？

在這方面，我們經常可以發現孩子是否有孤立自閉的傾向，他是小心謹慎的，還是進取心強的？以及他對某個特定的人或生活方式的偏愛，如鄉村生活等。

11. 孩子在哪些方面信心不足？他認為自己被忽視了嗎？他對別人的關注和讚揚反應迅速嗎？他有迷信的想法嗎？他會逃避困難嗎？他會嘗試各式各樣的東西，卻又放棄了嗎？他對自己的未來不確定嗎？他相信遺傳的不利影響嗎？他是否被周圍的人挫傷過呢？他的人生觀是否負面？

    這些問題的答案將有助於讓我們了解孩子是否已經對自己失去了信心，以及他現在是否走上了錯誤的道路。

12. 孩子還有其他的詭計和壞習慣嗎？例如扮鬼臉，假裝愚蠢、幼稚、滑稽？

    在這種情況下，為了引起他人的關注，孩子會表現出輕微的勇氣。

13. 孩子有語言障礙嗎？他醜嗎？有馬蹄足、八字腳或者O形腿嗎？發育不良嗎？身體異常矮胖或是異常高大嗎？身材比例失調嗎？他的眼睛或耳朵結構異常嗎？他的智力落後嗎？是左撇子嗎？他晚上睡覺打鼾嗎？他的樣貌非常帥氣或者漂亮嗎？

    這些都是孩子通常會誇大的缺點，因此他們可能會永遠失去信心。非常漂亮的孩子也經常在發展上出現問題。他們

附錄一　個體心理學調查問卷

沉迷於這樣一種想法：他們不需要努力就能得到自己想要的一切。這樣的孩子錯過了許多為生活做準備的機會。

14. 孩子是否經常談論自己的能力不足，在讀書、工作、生活上「缺乏天賦」嗎？他有自殺的想法嗎？他的失敗和問題在時間上有什麼連繫嗎？他是否高估了自己表面的成功？他是不是過於卑屈，或者頑固執拗、具有叛逆精神？

   在這裡，我們看到了極度沮喪的種種表現，大部分發生在孩子為擺脫煩惱付出努力卻徒勞無功之後。他的失敗部分是由於努力沒有發揮到作用，部分是由於缺乏對與他接觸的人的了解。但是他的願望總得在什麼地方得到滿足，因此他尋找另一個更輕鬆、更容易的方式來實現。

15. 列舉孩子取得成功的事情。

   這種「正面的表現」為我們提供了重要的暗示，因為孩子的興趣愛好、性格傾向和前期打下的基礎，可能指向一個與他迄今為止所走的道路完全不同的方向。

   從對以上問題的回答中（這些問題永遠不應該按照固定的順序或例行的規則來進行，而應該以建設性的態度透過談話的方式進行），可以形成關於個體的正確認知。可以看出，儘管這些失敗是不合理的，但它們是可以想像的，並且是可以理解的。我們應該始終以耐心和友好的方式對個體的錯誤進行解釋，而不是對孩子進行任何威脅。

附錄二
五個案例及評語註解

案例一

　　有一個男孩，十五歲了，是家裡唯一的孩子。父母為了給孩子更舒適的生活，一直在努力工作。父母悉心地照顧男孩，確保他能夠身體健康地成長。他的童年生活很健康，也很快樂。他的母親非常善良，但是太多愁善感，動不動就哭泣。她在談到兒子的情況時費了很大的勁，而且中斷了好多次。我們不了解孩子的父親，但母親說孩子的父親是一位誠實、精力充沛、熱愛家庭、對自己很有信心的人。男孩小時候不聽話，父親總是說：「如果我什麼事情都順從他的意願，那麼事情就會變得更糟糕。」在這位父親看來，所謂的「不順從他的意願」就是要為這個男孩樹立一個好榜樣，父親並沒有費心去教他太多，而是在他犯錯的時候打他。在男孩的童年早期，他的叛逆心理主要表現為他想要扮演一家之主的角色，希望主宰家中的一切，這種欲望在被寵壞的獨生子女身上很常見。男孩很早就表現出明顯的叛逆傾向，只要他感覺到父親不會打他，他就會拒絕服從父母的命令。

附錄二　五個案例及評語註解

　　如果我們停在這裡，問一下這個孩子會有什麼顯著的性格特徵，答案肯定是「撒謊」。他會透過撒謊來逃避父親對自己的嚴厲管教。這也確實是母親向我們提出的最主要的問題。現在，孩子已經十五歲了，但是父母從來不知道他的哪句話是真的，哪句話是假的。當我們進一步調查研究時了解到，這個孩子曾在一所教會學校待過一段時間，這裡的老師也抱怨他不聽話，擾亂課堂秩序。例如，他會在別人問他問題之前喊出答案，或者為了打斷別人而問一個問題，或者在課堂上大聲和同學說話。而且，他還是個左撇子，他寫作業時字跡很潦草，老師難以辨認。最終他的行為踰越了學校的規定，因為擔心父親會懲罰他，於是他只能編造謊言。他的父母起初決定把他留在學校裡，但因為老師實在是拿他沒有辦法，父母不得不把他帶走。

　　男孩看上去很活潑，而且所有的老師都認為他很聰明。他從公立學校畢業後，必須參加高中入學考試。母親在考試後等著他，他告訴母親自己已經通過了考試。全家都很高興，他們一起到鄉下度假，度過了完美的夏天。期間這個男孩經常說起高中。隨後，高中開學了。男孩收拾書包去上學，每天中午都會回家吃午飯。然而，有一天，母親陪著他走了一段上學的路，當他們一起過馬路時，她聽到旁邊一個男人說：「就是那個男孩，他那天早上幫我帶路去了車站。」母親問男孩那個人是什麼意思，那天早上他是不是沒去上學。男孩回答說，學校

十點鐘放學,他和那個人一起走到了火車站。母親不滿意他的解釋,就把這件事告訴了他的父親。父親決定第二天陪兒子去上學。第二天,在上學的路上,父親不斷追問後才得知,這個男孩根本沒有通過入學考試,他從來沒有上過高中,這些天他一直在街上游蕩。

他的父母請了一位家庭教師進行專門輔導,男孩最終才通過了考試,但他的行為並沒有改善。他仍然擾亂課堂秩序,有一天他甚至開始偷竊。他從母親那裡偷了一些錢,還撒謊說沒有,直到父母威脅說要報警,他才承認。現在擺在我們面前的是一個可悲的、被人忽視的孩子的案例。這位父親曾經很驕傲,以為自己可以打罵孩子使他屈服,現在卻絕望地放棄了自己的兒子。男孩現在受到的懲罰是被單獨留下來待著,沒有人跟他講話,也沒有人關注他。他的父母也聲稱不再打他了。

在回答「問題什麼時候開始出現?」這個問題時,母親回答:「從他出生起就開始了。」如果聽到這樣的回答,我們可以認為母親想暗示男孩的不良行為是與生俱來的,他的父母想盡一切辦法糾正他,但都沒有成功。

還是個嬰兒的時候,這個男孩就非常不安,他日夜哭泣。然而,所有的醫生都說他很正常,很健康。

這並不像聽起來那麼簡單。哺乳期的嬰兒哭泣這一事實並不奇怪。這有很多原因,尤其是對獨生子女來說,母親之前沒有任

附錄二　五個案例及評語註解

何撫養孩子的經驗。嬰兒通常在尿溼的時候哭泣，但母親並不總是能意識到這種情況。當孩子哭的時候，母親會怎麼做呢？她把嬰兒抱在懷裡，輕輕地搖晃，給他喝了點東西。但是她應該做的是找出哭泣的真正原因，讓孩子感到舒服，然後就不用再去注意他了。這樣孩子就不會哭，也不至於讓他的過去留下這個陰影。

他的母親說，男孩在正常年齡毫不費力地學會說話和走路，他的牙齒發育正常。他有個習慣，就是把別人給他的玩具弄壞。這樣的表現並不一定意味著孩子有不好的性格。但值得注意的是這句話：「讓他把注意力專注在一件事情上是不可能的。」我們必須在這裡問一下，母親應該如何訓練孩子單獨玩耍？只有一種方法可以做到，即必須允許孩子在不被成人打擾的情況下自由玩耍。我們懷疑這位母親沒有這樣做，她的一些話表明了這一點。例如，男孩總是讓母親做這個做那個，總是黏著母親等等。這是孩子第一次嘗試透過這些方式來誘導母親寵愛自己，這是他靈魂卷軸上最初的記載。

這孩子從來沒有獨處過。

這位母親顯然是出於自我防禦才這麼說的，她想為自己辯解。

他從來沒有獨處過，直到現在也是，他不喜歡一個人待著，哪怕是一個小時。晚上，他也從來沒有獨處過，而且在晚上我也從沒有讓他單獨待著過。

這證明了這個孩子和他的母親是多麼緊密地連繫在一起，而且總是能夠依賴母親。

他從來沒有害怕過，現在也不知道什麼是恐懼。

這種說法挑戰了心理學常識，因為它與我們的發現不一致。其實，仔細研究一下這些事實就可以解釋這種說法了。這個男孩從來沒有獨處過。他沒有必要害怕，因為在這樣的孩子看來，恐懼是迫使別人留下來的一種手段。因此，他再也沒有什麼可恐懼的地方，只要讓他一個人待著，就會表露出害怕。下面又出現了另一個看似矛盾的問題。

他非常害怕父親的鞭子。所以他其實體會過恐懼這種情緒吧？然而，挨了一頓鞭子後，他很快就把它忘了，再次活躍起來，儘管有時他會被揍得很厲害。

這裡我們看到了一個不幸的對比：母親不斷地屈服妥協，而父親又非常嚴厲，並且想糾正母親的這種妥協。由於父親的嚴厲，孩子越來越傾向於依賴母親。也就是說，孩子轉向那個縱容自己的人，轉向那個他可以輕而易舉、不費吹灰之力就讓自己得到想要的一切的人。

六歲的時候，他開始進入教會學校接受老師的監督，那時人們開始抱怨他的活潑、好動和粗心大意。對他行為的抱怨比對他功課的抱怨要頻繁得多。最值得人們注意的是，他一刻都靜不下來。當一個孩子想要引起別人的注意時，除了不停地變

附錄二　五個案例及評語註解

換動作外,他還能選擇什麼更好的方法呢?這個孩子想引起關注。他已經養成了吸引母親關注的習慣,現在,到了學校這個更大的環境裡,他仍然希望能得到新成員的關注。當老師不理解孩子的意圖時,老師會試圖糾正孩子的行為,把他挑出來進行責罵或訓斥。可是這樣,這個孩子就會如願以償,吸引了大家的注意力,得到了大家的關注。儘管他必須為所獲得的關注付出巨大的代價,但他已經習慣了。他在家裡挨了足夠多的鞭打,結果還是一成不變。難道我們能期待學校較溫和的懲罰形式會使他改變過去的行為方式嗎?這幾乎是不可能的。當他「屈尊」去上學時,就是想成為人們關注的焦點,以此作為自卑感的一種補償。

　　為了改變他的行為,父母向他指出,為了班級的利益,每個人都必須保持安靜。當一個人聽到這種過時陳舊的告誡時,他對父母的常識多少有些懷疑。這個男孩和大人們一樣,都很清楚地知道什麼是對的,什麼是錯的。然而,他正忙於另一個問題。他希望得到別人的關注,在學校裡,他不能透過保持安靜來獲得任何關注,透過努力學習來獲得關注也不容易。一旦我們意識到他為自己設定的任務,就不會被他的行為所迷惑。顯然,當父親拿著鞭子的時候,男孩會安靜一會。但是母親說,一旦父親離開,男孩又會重新開始鬧騰。他只把鞭打和懲罰看作一種干擾,這種干擾只能在短期內打斷他想要引起關注的行為,但無論如何,這

種干擾不能產生永久改變這些行為的效果。

但是他總是控制不住自己的脾氣。

顯然,想要吸引關注的孩子總是愛亂發脾氣。我們發現,人們通常所說的脾氣只不過是達到目的的一種手段,是由個體的目標所決定的一種行為方式。例如,如果一個人想安靜地躺在沙發上,他就不需要發脾氣。發脾氣會成為一個人內心想法的可疑暗示——在我們的例子中,就是為了讓自己引起關注。

他養成了把家裡的東西都帶去學校的習慣,他把這些東西拿去換錢,然後招待他的夥伴們。當父母發現這一點時,他每天上學前都要接受搜身。最後,他放棄了這種做法,只會開玩笑和打岔。這一變化是由他父親的嚴厲懲罰引起的。

我們能理解他之所以開玩笑,是因為他想讓別人注意到他,強迫老師懲罰他,讓自己顯得凌駕於學校的規章制度之上。

他試圖搗亂的行為逐漸減少,但他的毛病隔一段時間又會週期性地全面復發,結果他被學校開除了。

這證實了我們之前所說的。這個男孩想要努力從別人那裡獲得認可,在這個過程中自然會遇到障礙,他也意識到了這些。此外,倘若考慮到他是左撇子,我們對他的內心會有更多的了解。我們可以推斷出,儘管他想要避免困難,卻依然總是

附錄二　五個案例及評語註解

想方設法地自找困難，然後又缺乏信心去解決它們。他對自己越不自信，就越想證明自己值得被人關注。直到學校無法再容忍他，並把他開除，他才停止胡鬧。當然學校有正當的理由和立場，學校認為不能允許任何一個人干擾其他學生的學習，除了驅逐這個學生，別無其他選擇了。然而，如果我們認為教育的目的是幫助學生糾正缺點，那麼開除並不是正確的方法。將孩子開除這件事，會使這個男孩從母親那裡獲得認同變得更容易，而且他也不再需要在學校努力學習了。

這裡我們還應該注意到，在老師的建議下，他在假期時被送進了少年輔育院。在那裡，他受到了比在學校更嚴格的監督，但是這次也失敗了。他的父母仍然是主要的監護人。孩子每個星期天都被允許回家，這使他非常高興；當他不被允許回家時，他也並不生氣。這不難理解，他想假裝成為一個偉大的人物，也想讓別人將自己看作偉人。因此，他對鞭打毫不在意，也不允許自己哭泣，無論事情多麼令人不快，他也從不表現出任何缺乏男子漢氣概的樣子。

他總是在家裡請家教，所以他的成績也不差。

我們由此得出結論，他並不獨立。老師告訴家長，只要這個男孩稍微安靜一點，他就能學得更好。我們相信這個孩子的學習能力是沒有任何問題的，因為除了那些智力低下的孩子，沒有不會學習的孩子。

他沒有繪畫的天賦。

這是很重要的,他是左撇子,從這句話可以推斷出他還沒有完全克服右手的笨拙,還不能夠熟練地使用右手。

他是體育館裡運動表現最好的孩子之一。他學游泳很快,而且不怕危險。

這說明他並沒有完全失去信心,而是把他的勇氣用在無關緊要的事情上,也就是用在那些他能輕而易舉地做完而且有把握成功的事情上。

他一點也不害羞,他會把自己的想法告訴每個人,不管這個人是學校的保全還是校長。儘管他已經多次被告誡不要這樣做。

我們已經知道,當他被禁止做某件事情時,他並不在意。因此,我們不能認為他不會害羞,就代表著他很自信。我們知道,許多兒童都清楚地認知到他們與學校的老師和管理者之間的距離。這個不怕被父親鞭打的孩子,自然也不怕校長,為了讓自己顯得重要,他放肆說話,就這樣實現了自己的目的。

他對自己的性別不是很確定,但他經常說自己不想成為女孩。

他對自己的性別並沒有明確的看法,但我們發現這樣調皮的男孩總有瞧不起女孩的傾向。他們透過對女孩的貶低來獲得一種優越感。

附錄二　五個案例及評語註解

> 他沒有真正的朋友。
>
> 這是可以理解的，因為其他孩子並不總是喜歡讓他扮演領導者的角色。
>
> 他的父母還沒有向他解釋過性方面的知識。他的行為總是表達出一種強烈的控制欲。
>
> 他知道我們費了很大力氣才能收集到他的數據，弄清楚他的情況。也就是說，他很清楚自己想要什麼。但很明顯，他不知道自己潛意識的目的和他的行為之間的連繫，也不了解這種強烈的統治欲望的程度和來源。他想要掌控他人，因為他看到父親掌握著權力。他越想統治，實際上他就越軟弱，因為他不得不依賴他人。而他的父親作為他的榜樣，以一種獨立的方式行使權力。換句話說，他的進取心來自其自身的弱點。
>
> 他總是想有所作為，即使是與那些比他更強的人。
>
> 然而，這些內心更強的人其實反而處於弱勢地位，因為他們必須認真對待自己的職責。這個男孩只有在可以肆無忌憚的時候才會相信自己。順便一提，要使他擺脫這種肆無忌憚的行為並非易事，因為他對自己的學習能力沒有信心，認為自己什麼都學不會。因此，他不得不躲在這種魯莽放肆的表面現象的背後。
>
> 他不自私，對其他孩子慷慨大方。

如果我們把他的這種行為看作善良的表現，那麼就很難找到這種行為與他的其他性格之間的連繫。眾所周知，一個人可以透過慷慨大方來表現出優越感。更重要的是，這種行為也顯示出對權力的渴望。他覺得慷慨是一種個人地位提升的展現。這很可能是從他的父親那裡學到的，即透過慷慨來炫耀自己。

他仍然不停地製造很多麻煩。他最害怕他的父親，然後是他的母親。他並不賴床，也不虛榮。

最後一句指的是外在的虛榮心，因為他的內在虛榮心非常強烈。

他已經改掉了挖鼻子的壞習慣。他是個固執的孩子，挑食，不喜歡蔬菜和肥肉。他也並非完全不友好，但他更喜歡與那些能夠聽他指揮的孩子一起玩，並且非常喜歡動物和花。

對動物的喜愛總是反映出追求優越感和統治欲。這種喜歡當然不會令人反感，因為它傾向於融入世間萬物。然而，對於這樣的孩子，我們發現他表達了一種統治的欲望，並且總是想讓母親圍著他轉。

他表現出強烈的領導欲望，當然不是真正意義上的領導。他有蒐集東西的傾向，但由於缺乏足夠的耐心，他從來沒有完整地蒐集過什麼，幾乎都是半途而廢。

附錄二　五個案例及評語註解

這種孩子的悲哀就在於他們做事情有頭無尾，不能完成所有的事情，因為他們害怕對最終的結果負責任。

整體而言，他的行為從十歲起就有所改善了。以前把他關在家裡是不可能的，因為他總是想在外面逞英雄好漢。付出了巨大的努力，他才有所進步。

事實證明，把他限制在房子的狹小範圍內，是滿足他強烈的自己做主的欲望的最好辦法。難怪他在這些狹小的空間裡可以搞出更多的惡作劇。父母應該在適當的監管下，多帶他到外面活動。

當他回到家裡，他就開始做學校的功課。雖然他沒有想要出門，但總是在浪費時間。

當我們把孩子限制在一個狹小的範圍內，並且總是不得不在父母的監督下學習時，他們肯定會分心和浪費時間。孩子必須有適當參加活動的機會，即加入其他孩子的活動中，和他們一起玩耍，從而能夠在同伴中發揮作用。

他曾經很喜歡去上學。

這表明他的老師並不嚴厲。這樣，他就很容易逞英雄，而且也不需要受到老師的懲罰。

他以前經常弄丟課本，也不害怕考試，他相信自己能做好每一件事。

我們在這裡發現了一個相當普遍的特徵。如果一個人在任何情況下都很樂觀，這反而說明他不自信。這樣的人當然是比較悲觀的，但他們設法違背邏輯，在一個虛幻的世界中尋求庇護，在那裡他們可以獲得一切。當面臨失敗時，他們並不會因為失敗而感到驚訝。因為他們有一種宿命感，這使他們看起來很樂觀。

他極度缺乏注意力。有些老師很喜歡他，而有些老師卻很討厭他。

無論如何，那些態度比較和善、對他的舉止感到滿意的老師似乎都很喜歡他。這個男孩也較少打擾他們，因為他們很少為男孩安排很難的作業。像大多數被寵壞的孩子一樣，他既沒有集中注意力的傾向，也沒有專注的習慣。在他六歲之前，他覺得沒有必要這樣做，因為一直都是他的母親在照料他。生活中的一切都是預先安排好的，就好像他被關在籠子裡一樣。一遇到困難，他就會感到缺乏準備，也沒有獲得解決困難的方法，對其他人更沒有興趣，因此他也不與他們合作。他既沒有獨立完成某件事情所必需的欲望，也沒有獨立完成某件事情所必需的自信。他所擁有的是不付出努力就出人頭地的渴望，即自己不費吹灰之力就能獲得人們關注的渴望。但他沒能打破學校的平靜，也沒能夠引起其他人的注意，這使他的性格更加糟糕。

附錄二　五個案例及評語註解

　　他總是想輕鬆地做到一切，以最簡單的方式得到一切，而不去考慮別人。這已經成為他生活的主題，表現在他所有的具體行為中，如偷竊和撒謊。

　　他的生活方式背後的錯誤是顯而易見的。可以肯定的是，他的母親為他提供了發展社會情感的動力，但是他溫和的母親和嚴厲的父親都沒有成功地繼續引導孩子對社會情感的發展，孩子的社會情感僅限於母親的世界。在母親面前，他覺得自己永遠都是被人關注的焦點。

　　因此，他對優越感的追求不再指向生活中有用的一面，而是指向他自己的虛榮心。為了把他帶到生活中有用的一面，必須重新開始培養他的人格。我們要幫助他重新獲取自信心，這樣他才會樂意聽我們的話。與此同時，我們必須擴大男孩社會關係的範圍，並透過這種方式來彌補母親在獨生子女教育問題上的失誤，因為母親沒有幫助他建立自己的人際圈。此外，他還需要與父親和解。對男孩的教育需要循序漸進，直到他能夠像我們一樣，理解自己過去生活方式中的錯誤和存在的問題。當他的興趣不再集中在一個人身上時，他的獨立性和信心都會得到增長，從而把自己的優越感引向生活中有用的一面。

案例二

這是一個十歲男孩的案例。

學校的老師抱怨他的功課不好,已經比同學們落後了三個學期。

十歲的孩子就落後三個學期,我們懷疑他是智力低下。

他現在處於三年級下學期。他的智力測驗分數是 101 分。

因此,他不可能智力低下。那他落後的原因是什麼?他為什麼總是破壞課堂的紀律呢?我們看到他有努力的方向和行為,但都指向了無用的一邊。他想變得有創造力、積極主動,成為人們關注的焦點,但方式是錯誤的。我們還看到他與學校對抗,他是一個鬥士,他把學校當作自己的敵人。因此,我們理解他為什麼學業落後,對這樣一個鬥士來說,遵守學校的規章制度是非常困難的。

他執行任務很慢。

這很明顯,他很聰明。也就是說,表面的笨和慢吞吞都是他的策略。如果他是一個鬥士,他就得反抗命令。

他和其他男孩打架;把玩具帶到學校。

他把學校當作自己的家,可以做自己想做的事情。

他的口算不好。

附錄二　五個案例及評語註解

這意味著他缺乏社會意識和相應的社會邏輯（見第七章）。

他有語言缺陷，每週要去上一次語言課。

這種語言缺陷不是天生的。這說明他缺乏社會合作能力，表現在他說話不流暢。語言是需要合作的，個體必須和其他人連繫起來。事實是，這個男孩利用這種語言缺陷作為他抗爭的工具。他並沒有試圖去補救自己的語言缺陷，對於這種行為我們不必感到奇怪，因為補救就意味著他會失去吸引別人關注的工具。

當老師和他談話時，他總是會左搖右晃。

這就好像他在準備一場攻擊。他不喜歡老師這麼和他說話，因為他不是關注的焦點。如果老師講話，他就必須聽，那麼老師就是征服者。

母親（準確地說是繼母，因為親生母親在他很小的時候就去世了）只抱怨他有一點神經質。

神經質，這種神祕的想法掩蓋了男孩的許多不良行為。

他是由兩個祖母帶大的。

一個祖母已經夠糟糕了，我們知道祖母通常會以一種可怕的方式溺愛孩子。但值得考慮的是她們為什麼這樣做。這是我們社會文化的不合理之處，因為在我們的社會文化中，老人的價值感較低。老人反對這種待遇，想要得到公正的對待。在這

一點上,老人是完全正確的。為了證明自己存在的重要性,祖母溺愛孩子,讓孩子對自己特別依賴。她以這種方式維護自己的權利,使自己的價值得到認可。

如果你聽到有兩個祖母,那麼你就會明白這是一場可怕的競爭。每個人都想要證明孩子更喜歡自己。自然地,在這種爭取歡心的競爭中,孩子發現自己置身於天堂,在那裡他得到了他想要的一切。他只需要說:「另一個祖母給了我這個。」這個祖母就會為了超過對方而對孩子更加寵溺。在家裡,這個孩子是關注的焦點,我們可以看到他是如何把這種關注作為自己的追求目的。但是在學校裡沒有兩個祖母,只有一個老師和許多孩子。他能在這裡成為焦點的唯一方法就是打架。

當他和祖母們住在一起的時候,他在學校的成績並不好。

學校不適合他。他對此毫無準備。而學校是對他合作能力的考驗,但他沒有受過這方面的訓練。母親才是培養孩子這種合作能力的最佳人選。

父親一年半前再婚了,孩子與父親和繼母生活在一起。

當然,我們在這裡發現了一個困難的局面。當繼母或繼父加入進來時,孩子往往就開始出現問題了,或者說孩子的問題會加重。繼父、繼母的問題是持續已久的問題,而且一直沒有得到改善。這種情境尤其會使孩子感到痛苦。即使是最好的繼母,通常也會遇到困難。我們並沒有說繼父或繼母的問題是無

附錄二　五個案例及評語註解

法解決的，但它只能透過某種方式得到解決。繼母和繼父不應該把獲得孩子的欣賞看作理所當然，而是應該盡最大努力贏得孩子的欣賞。兩個祖母使情況更加複雜，繼母帶孩子的難度也增加了。

繼母第一次來到這個家庭時，試圖表現出她的慈愛。她盡其所能地想靠近這個男孩。但是男孩還有一個哥哥，這也是一個問題兒童。

家裡又多了一個鬥士，想想兄弟倆之間可怕的競爭，只會使原本普通的戰鬥加劇。

孩子們聽父親的話，但不聽母親的話。因此繼母向父親求助，告訴他孩子們的問題。

這實際上是母親承認自己管教不了孩子們，所以她求助父親，把孩子們交給父親管教。當母親總是向孩子們的父親報告孩子們做了什麼和沒做什麼時，或者當她用「我要告訴你父親」這樣的話威脅他們時，孩子們就明白她無法管教他們，而且已經放棄了管教他們。所以他們一有機會就對她發號施令。當母親以這種方式說話和行動時，就暴露出自己的自卑情結。

如果他答應聽話，母親就會帶他出去玩，為他買東西。

母親的處境很困難。為什麼？因為祖母的陰影籠罩著她，孩子們認為祖母更重要。

祖母只是偶爾來看看他。

對一個只來幾個小時看看孩子的人來說，他們很容易和孩子打交道，干涉孩子的日常生活，然後把所有的麻煩留給母親來收拾。

似乎家裡沒有一個人真正愛這個孩子。

看來他們不再喜歡這個孩子了。用溺愛把孩子慣壞了之後，就連祖母也不喜歡他了。

父親鞭打他。

然而，鞭打也無濟於事。這個孩子喜歡被表揚，如果被表揚，他總是很開心、心滿意足。但他不知道如何透過正確的行為來贏得表揚。他更喜歡強制向老師要求表揚，而不是透過良好的表現努力去得到老師的表揚。

如果他受到表揚，他會更努力地學習。

當然，對所有想成為關注焦點的孩子來說，情況都是如此。

老師們不喜歡他，因為他有點鬱鬱寡歡。

表現得陰鬱，這是他可以使用的最好方式，因為他是一個鬥士。

這個孩子總是尿床。

附錄二　五個案例及評語註解

　　這也是他渴望成為關注焦點的一種表現。他不是在直接抗爭，而是在間接抗爭。一個孩子要怎樣才能以間接的方式和他的母親抗爭呢？尿床，讓母親半夜起床；在夜裡尖叫；躺在床上看書，而不是去睡覺；早上不起床；不良的飲食習慣；等等。簡而言之，無論是白天還是晚上，他總是有辦法讓母親陪著他。他總是用尿床和語言缺陷這兩種武器對抗環境。

　　母親為了使他改掉這個習慣，曾經在夜裡叫醒他好幾次。

　　因此，母親好幾個晚上都和他待在一起。即使這樣，他也達到了自己的目的。

　　孩子們不喜歡這個男孩，因為男孩想指揮他們。一些弱小的孩子還試圖模仿他。

　　他是一個軟弱和容易失去信心的人，不想勇敢地面對生活和困難。學校裡比較弱小的孩子喜歡模仿他，因為這是他們獲得關注的好方法。

　　另一方面，他並不是真的不受歡迎，「只要他的作業被評為最優，其他孩子就會為他的進步感到高興」。

　　當他進步時，其他孩子也很高興。這說明這個老師相當不錯，因為這個老師真正懂得如何使孩子們具有合作精神。

　　這個男孩喜歡和其他孩子在街上踢球。

　　當他確信自己會成功，並且能夠征服他人時，就會與別人

建立連繫。

　　我們與這位母親討論了這個問題，並向她解釋說，由於祖母長期溺愛孩子，她的處境會非常困難。我們還向她解釋，男孩很嫉妒哥哥，總是擔心自己會被拋下。在訪談過程中，儘管告訴了這個男孩我們都是他在診所的朋友，但他一句話也不說。對這個男孩來說，在這裡講話就意味著合作。他想打架，所以他沒有說話，他拒絕說話。我們看到他拒絕為自己的語言缺陷做任何努力，這也表現出這個孩子缺乏社會意識。

　　這種方式可能看起來非常令人吃驚，但實際上，我們經常在成人的社交生活中發現他們也是如此。他們透過不說話來抗爭。之前有一對夫婦發生了激烈的爭吵，丈夫大聲尖叫著對妻子說：「你看，現在你沉默了！」她回答說：「我沒有沉默，我只是不想說！」

　　這個男孩也一樣，「只是不想說話」。訪談結束後，我們告訴他可以離開了，但他似乎不想離開。這是他在對抗。我們再次告訴他已經結束了，但他仍然沒有離開。我們告訴他下週和父親一起來。

　　與此同時，我們還告訴他：「你不說話是正確的，因為你總是和人唱反調。如果我們讓你說話，你會選擇沉默。可是當你在學校應該保持沉默的時候，你卻說話來破壞班級紀律。你認為這樣做你就可以成為一個英雄。如果我們告訴你『什麼都

附錄二　五個案例及評語註解

不要說！』你就會開口說話了。我們只需要問你與我們想要的相反問題。」

　　這個孩子顯然可以開口說話，因為他必須回答問題。透過這種方式，他就可以用語言來和我們進行合作了。後來，我們向他解釋目前的情況，使他認知到自己的錯誤，並透過這種方式逐漸改善。

　　在這方面，我們應當記住，只要這樣一個孩子還處於原有的環境中，他就沒有改變自己的動力。母親、父親、祖母、老師、同伴，他們都已經習慣了男孩的所作所為。在面對他們的時候，男孩的態度是一如從前的。但當他來到診所時，他面對的是一個全新的環境。我們甚至努力使這種新環境盡可能地與以往不同，實際上我們要提供一個全新的環境。這樣，他才會更明顯地暴露出舊環境所形成的性格特徵。在這種情況下，我們告訴他「你絕對不能說話！」會是對的，因為他肯定會說「我偏要說話！」這樣，我們就不需要直接和他交談，他也不需要克制自己並時刻保持警惕了。

　　在診所裡，孩子通常要面對一大群觀眾，這種場景對他們留下了深刻的印象。這是一個新的環境，它給孩子的印象是，他們不僅不被自己的小世界所束縛，而且別人也會對自己很感興趣，孩子感到自己融入了更大的環境。所有這一切使他們比以前更想成為大環境中的一部分，特別是當我們邀請他們再過

來的時候。他們知道將會發生什麼，我們會詢問他們的近況如何等。根據個案的性質，他們來診所諮詢的頻率也不一樣，有些孩子一週來一次，有些孩子每天都要來。我們會訓練他們如何面對老師。在這裡，他們知道自己不會受到指責、責備和批評。但他們知道，所有的事情都如同開啟了一扇窗戶，我們會對所有的事情進行觀察、分析和評判。這讓人印象非常深刻。如果一對夫妻發生了爭吵，其中一方開啟一扇窗戶，爭吵就會馬上停止了，因為這是一個完全不同的情境。當開啟一扇窗戶時，窗戶外面的人可以聽到他們爭吵的聲音，他們不想把自己這種錯誤的、不好的性格特徵展現給別人。這是孩子向前邁進的一步，而這一步是在孩子來診所的時候發生的。

案例三

這個案例中的孩子是家中最大的孩子，他十三歲半了。

十一歲的時候，他的智商已經達到 140 分了。

因此，大家可能會認為，這是一個非常聰明的孩子。

自從他進入高中第二學期後，他就幾乎沒有取得什麼學業上的進步了。

從以往的經驗中我們了解到，一個孩子如果認為自己很聰明，他通常會毫不費力地獲得成功，但結果是這樣的孩子經常會

附錄二　五個案例及評語註解

停滯不前。例如，我們發現，處於青春期的孩子會覺得自己比實際年齡更成熟。他們想證明自己不再是孩子了。他們越是試圖證明自己，就越會遇到現實生活中的困難。然後，他們開始懷疑自己是否真的像他人自始至終所認為的那樣聰明。告訴一個孩子他很聰明或者他的智商是 140 分是不明智的選擇。孩子不應該知道自己的智商，父母也不應該知道。所有這些都解釋了為什麼這麼聰明的孩子後來會失敗。這是一個充滿危險的情境。如果一個孩子非常有進取心，但又不確定是否能以正確的方式獲得成功，那麼他就會尋找一個可以獲得成功但錯誤的方式。比如，變得神經質、自殺、犯罪、懶惰或浪費時間等。為了以一種消極無用的方式來獲取成功，孩子會使用無數的藉口。

男孩最喜歡的科目是科學。他更喜歡與比自己小的孩子交朋友。

我們知道孩子們之所以和比自己小的孩子在一起玩，是為了讓事情變得更容易，或者是為了獲得優越感，成為領導者。如果孩子喜歡和比自己小的孩子交朋友，這就是一個可疑的跡象。儘管並非總是如此，但有時這可能是他想像父親一樣。這也展現了孩子的軟弱，因為父性的本能表現就是排斥比自己大的孩子。這種排斥是一種有意識的行為。

男孩喜歡足球和棒球。

因此，我們可以預先猜測他很擅長這兩項運動。我們也有

可能會聽說他很擅長某些活動，但對另一些活動他不感興趣。這意味著，只要他有把握在某些領域能夠成功，他就會在那裡活躍；如果他沒有把握，他就會拒絕參加。當然，這不是正確的行為方式。

男孩喜歡玩牌。

這意味著浪費時間。

玩牌似乎把他的注意力從正常生活中轉移走了，他在平時都會早睡早起，還會在適當的時間做點家務。

現在我們要面對家長對孩子真正的抱怨，這些抱怨都集中在一點上，即他的學習成績沒有進步，他只是在浪費時間。

他小時候發育很慢。兩歲之後，他開始迅速發育。

我們不知道他為什麼兩歲前發育緩慢，也許是因為被寵壞了。孩子發育緩慢可能是由於父母過度的寵愛，被寵壞的孩子不想說話、不想行動、不想活動，因為他們被照顧得很好，因此他們沒有自我發育的刺激。但當他迅速發育時，唯一的解釋就是他有了對自我發育的刺激。很可能有某種強烈的刺激使他成為一個聰明、伶俐的孩子。

男孩最突出的特點是誠實和固執。

對我們來說，僅僅知道他很誠實是不夠的。誠實這個特點很好，確實是一個優點，但我們不知道他是否會利用誠實來批

附錄二　五個案例及評語註解

判別人。這很可能是他自我吹噓的一種方式。我們知道他是一個喜歡領導和指揮別人的孩子，這種誠實可能是他努力追求優越感的表現。我們不確定，如果這個男孩處於不利的情境下，他是否還能夠繼續保持誠實。至於他的固執，我們發現他真的喜歡與眾不同，不被別人牽著鼻子走，想要按照自己的方式做事情。

他經常欺負他的弟弟。

這句話證實了我們的判斷。他想成為領導者，因為他的弟弟不服從他，所以他就欺負弟弟。如果你真的了解他，你會發現他並不是真的誠實，甚至有時候他是個騙子。他是一個愛吹牛的人，我們能看出他在吹噓著自己的優越感。這裡所表達的其實是一種優越情結，但這種優越情結清楚地表明了他內心深處的自卑感。因為別人高估了他的誠實，對他的這種品格評價過高，他難以承受得住，反而使他對自己的評價過低，所以他必須透過吹牛來彌補。過多誇獎一個孩子是不明智的，因為他會認為別人對自己的期望過高。當他發現不容易達到別人對他的期望時，他開始顫抖和害怕，結果是他會按照自己的行為方式做事情，這樣他的弱點就不會被發現。比如，他欺負他的弟弟等。這是他的行為方式。他覺得自己不夠強大，也不夠自信，無法獨立地、正確地解決生活中的問題，因此他熱衷於玩牌。即使他的學習成績很差，但當他玩牌時，沒人能發現他的

自卑。父母會說他的糟糕學業是由於他總是玩牌,但是這樣他的驕傲和虛榮心就可以得以維護,因為父母並沒有認為這是他的能力不足造成的。他一直被灌輸著這種想法:「是的,因為我喜歡玩牌,所以我才沒有成為一個好學生;如果我不玩牌,我肯定會是最好的學生。但是遺憾的是,我總是玩牌。」他很滿意,他為自己可以成為最好的學生而感到心情舒適。只要這個男孩不理解自己內在的心理邏輯,他就可以自怨自艾,並隱藏自己的自卑。只要能做到這一點,他的行為就不會改變。

因此,我們必須以一種非常友好的方式向他解釋他的性格,並指出他的行為舉止實際上就像一個不能勝任工作的人。他覺得自己足夠強大,其實只是為了掩飾自己的軟弱和自卑。正因如此,我們應該以友好的方式進行,並且需要不斷地鼓勵他。我們不要總是表揚他,並在他面前讚賞他的智商很高,這種不斷地提醒可能會成為他害怕自己不能獲得成功的原因。我們非常清楚,智商在今後的生活中不會太重要。優秀的實驗心理學家都清楚,智商只能代表當前測試下的狀態。而生活太複雜,我們無法僅憑測試就得知孩子的全部生活。智商高並不能證明一個孩子真的能夠解決生活中的所有問題。

缺乏社會意識和自卑感才是他的問題所在。我們必須對他解釋清楚這一點。

附錄二　五個案例及評語註解

案例四

這是一個八歲半男孩的案例。這個案例說明了孩子是如何被寵壞的。我們知道，犯罪和神經質的人主要來自被寵壞的孩子。當今社會，我們最需要做的是不再溺愛孩子。這並不意味著我們不再喜歡孩子，而是要求我們必須停止縱容他們。我們應該像對待朋友一樣平等地對待他們。這個案例很有價值，因為它描繪了一個被寵壞的孩子的基本特徵。

孩子目前的問題是，他在學校的每個年級都要留級，他現在是二年級的第一學期。

入學第一年就留級的孩子很可能被懷疑是智力低下。我們在分析時必須考慮這種可能性。此外，如果一個孩子在開始時學習很好，之後成績下降了，那麼就可以排除智力低下的可能性。

他像嬰兒一樣說話。

他想要被寵愛，所以他模仿嬰兒說話。他認為表現得像嬰兒一樣是一種優勢，可以獲得關注，所以這意味著他在心中肯定有一個目標。在這種情況下，他有一個理性且有意識的計畫，這就排除了他智力低下的可能性。因為他沒有為上學做好準備，所以他不喜歡做學校的作業。因此，他不是按照學校的標準發展，而是透過對抗環境來顯示自己的優越感。當然，這種敵對的態度需要付出代價，那就是他每節課都跟不上。

他不聽哥哥的話，甚至和哥哥大打出手。

我們認為哥哥對他來說是一個障礙。由此我們可以推斷出，哥哥一定是一個好學生。他能和哥哥競爭的唯一方法就是表現不好，以此來獲得大人的關注。同樣在他幻想的生活中，他認為如果自己還是一個嬰兒，他會比哥哥獲得更多的關注。

他在1歲10個月大的時候學會走路。

由此推斷他可能患有佝僂病。如果他直到1歲10個月才會走路，那麼他也有可能是一直受到照料。在這段時間裡，他的母親一直在陪著他。我們可以看到，這種身體的先天性缺陷刺激母親對他進行了更多的關照和寵愛。

他很早學會說話。

現在我們確信他不是智力低下，智力低下主要表現為學說話很困難。

他總是像一個嬰兒一樣說話。父親是一個非常慈愛的人。

父親也很寵愛他。

他更喜歡母親。家裡有兩個男孩，媽媽總是說哥哥很聰明。兩個孩子經常打架。

這是家庭中孩子之間的競爭。大多數家庭中都存在這種競爭，尤其是家中的頭兩個孩子之間。但是，一起長大的兩個孩

附錄二　五個案例及評語註解

> 子之間一般都會有競爭。這種情況下，孩子的心理是這樣的：當第二個孩子出生時，第一個孩子的地位會受到衝擊，家人對他的寵愛和關注也會相應減少。而且，正如我們所見（見第八章），只有當孩子們為合作做好了充分的準備，才能避免這種情況。
>
> 他算術不好。
>
> 被寵壞的孩子在學校最大的困難通常是算術，因為算術涉及一種特定的社會邏輯，而受到溺愛的孩子沒有這種邏輯。
>
> 他的理解能力一定有什麼問題。
>
> 我們找不到有什麼問題，但是他的行為表現得相當聰明。
>
> 母親和老師認為他有手淫的現象。
>
> 他有可能會這樣做，其實大多數孩子都會手淫。
>
> 母親說他的眼睛下面有黑眼圈。
>
> 儘管人們普遍會對這種說法持懷疑態度，但我們不能根據黑眼圈就認為他手淫成了習慣。
>
> 他吃東西很挑剔。
>
> 我們看到他總是想讓母親陪在自己身邊，一刻都不能離開母親，甚至在吃飯的時候。
>
> 他害怕黑暗。

怕黑也是童年時期受到溺愛的象徵。

孩子的母親說他有很多朋友。

我們相信這些朋友都是聽從男孩指揮的孩子。

他對音樂很感興趣。

研究音樂愛好者的外耳是有用的。我們發現,音樂愛好者的耳朵有更發達的曲線。當我們看到這個男孩時,我們確信他有一雙靈敏的耳朵,這種敏感性可能表現為更喜愛和諧的聲音。聽力敏感的人可能具有更強的音樂素養。

他喜歡唱歌,但他的耳朵有疾病。

這樣的人不能輕易地忍受我們嘈雜的生活。在這些人中,患上耳朵疾病的人比其他人更嚴重。聽覺器官的構造是可以遺傳的,這就是為什麼音樂天賦和耳朵的疾病會代代相傳。男孩的耳朵患有疾病,此外,他的家裡確實有幾位非常厲害的音樂人。

對這個男孩來說,正確的治療方法是盡量讓他更加獨立和自立。現在看來,他並不自立,而且遠遠缺乏這種能力,他希望母親永遠和他在一起,永遠不要離開自己。他總是希望得到母親的支持,而母親當然非常樂意給予孩子支持。然而他現在需要隨心所欲地做任何他想做的事,包括自由地犯錯誤。因為只有這樣,他才能學會自立。他要學會放棄為了得到母親的寵

附錄二　五個案例及評語註解

愛而和哥哥競爭。而現在看來，兄弟倆都覺得對方更受寵愛，因此引發了雙方之間不必要的嫉妒。

更為重要的是，我們要幫助男孩有足夠的勇氣去面對學校生活中的問題。試想一下如果他不繼續上學將會發生什麼。從他離開學校的那一刻起，他就偏離了生活中有用的一面。他會逃學，離家出走，加入犯罪團夥。為了做到防患於未然，與其以後再來對付一個少年犯，不如現在就使他適應學校生活。對孩子來說，學校是一個至關重要的考驗。目前，他還沒有準備好用社會交際的方式來解決問題，這就是他在學校遇到困難的原因。但是學校有責任幫助他獲得勇氣。當然，男孩出現問題與學校也有一定的關係：也許是班級人數太多、過於擁擠，也許是他遇到的老師沒有做好心理鼓勵的準備，這就是一種悲劇。但是如果這個男孩能遇到一個願意鼓勵他和使他振作的老師，那麼他可能就會得救。

案例五

這是一個十歲女孩的案例。

因為算術和拼寫成績差，學校把她轉送到了諮詢診所。

對一個被寵壞的孩子來說，算術通常是一門難學的學科。並不是說被寵壞的孩子一定是算術不好的學生，但是根據已有的經驗，我們經常發現這種情況。我們知道左撇子兒童在拼寫

方面經常有困難，因為他們被訓練從右向左看，當他們閱讀時，他們從右向左讀。他們閱讀和拼寫都沒有什麼問題，但是與其他孩子方向相反。通常沒有人明白他們的閱讀方式是正確的，他們只是和我們的方式相反。人們只認為他們不會閱讀，草率地把這類孩子總結為不會正確閱讀或拼寫。因此我們懷疑這個女孩可能是左撇子。也許她拼寫有困難還有另一個原因，即語言的問題。如果她在紐約，我們必須考慮到她可能是來自另一個國家的移民，因此不能很好地理解英語。在歐洲，我們不必考慮這種想法。

女孩過去生活中的重要事件：她的家庭在德國損失了很多錢，家庭出現嚴重的經濟危機。

我們不知道他們什麼時候從德國過來的。這個女孩可能曾經有過美好的時光，但這種時光卻突然走到了盡頭。這對女孩來說是一個新的情境，就像是對個體的一個測驗。在這種新情境下，人們會注意到，她是否接受了正確的合作訓練，她是否有社會適應能力，是否有勇氣。人們還會注意到，她是否能夠承受貧窮的負擔。換言之，這意味著她是否能夠合作。但目前來看，她似乎不能很好地和別人合作。

她在德國是個好學生，離開德國時才八歲。

這是兩年前的事了。

附錄二　五個案例及評語註解

　　她在這裡的學校過得不太好，因為拼寫很難，而且算術也不像在德國那樣教學。

　　老師並沒有體諒這一點。

　　母親非常寵愛她，她對母親非常依戀。她對父親和母親都非常喜愛。

　　如果你問孩子：「你喜歡誰，你的母親還是你的父親？」他們通常會給出這樣的回答：「兩個我都喜歡！」他們被教導要這樣回答這個問題。有很多方法可以檢驗這個答案的真實性。其中一個好的方法是把孩子放在父母之間，當我們和父母談話時，孩子會靠近自己最喜歡的人。當父母在房間裡，孩子進來時，我們可以看到同樣的事情，孩子會再次走向自己最喜歡的人。

　　她有幾個同齡的女生朋友，但不多。她最早的記憶是八歲的時候，她和父母一起住在鄉下，他們經常和狗在草地上玩。那時他們還有一輛馬車。

　　她記得家裡的富有，記得草地、狗和馬車。這就像一個從前很富有的人，總是回想起他擁有汽車、馬匹、漂亮的房子、僕人等的日子一樣。我們可以理解為她現在過得並不滿意。

　　她經常夢到聖誕節，聖誕老人會為她帶禮物。

　　她的夢反映了與現實生活中相同的觀點。她覺得自己被剝奪了，所以總是想擁有更多，她想重新獲得過去所擁有的一切。

她對母親比較依賴。

這是她灰心喪氣的表現,也表明她在學校遇到了困難。我們向她解釋,對她來說,儘管她的處境要比其他孩子困難得多,但是她可以透過學習和增加自信心來提高自己的學習成績。

她再次來到診所,沒有帶其他人。她在學校過得好一點了,在家裡也一直獨立地做所有的事情。

有人建議她要獨立,不要依賴母親,要獨自做好自己的事情。

她為父親做早餐。

這是開始發展合作意識的表現。

她認為自己更勇敢,在這次談話中似乎更放鬆。

她這次回去的時候,我們要求她帶著母親一起來到診所。

這次,她和母親一起來到診所,母親是第一次來。母親一直忙於工作,之前沒有辦法丟下工作。她告訴我們,孩子是收養的,兩歲時被他們收養,孩子不知道這件事。女孩在兩歲之前,曾在六個不同的地方待過。

這並非一個美好的過去。這個女孩在兩歲之前似乎吃了不少苦頭。因此,我們不得不面對這樣一個孩子,她可能曾經被人憎恨和忽視,但後來卻得到了這個女人的悉心照顧。因為早

附錄二　五個案例及評語註解

期的不好經歷在她的腦海中留下潛意識的印象，所以這個孩子想要過上正常的生活。在那不幸的兩年時間裡，可能為這個孩子留下非常深刻的印象。

當母親準備把孩子帶走的時候，有人告訴她必須非常嚴格地管教這個女孩，因為孩子的出身並不好。

提出這個建議的人深受遺傳思想的毒害。如果母親很嚴厲，而這個女孩依然變成一個問題兒童，那麼提建議的人就會說：「你看，我是對的！」但實際上，他不知道自己才是有罪的那個人。

女孩的親生母親很壞。因為不是自己的親生孩子，養母對這個女孩負有更大的責任。但她有時打孩子。

女孩的狀況不像以前那麼好了。母親不像以前那樣寵愛女孩了，相反，女孩還會受到懲罰。

父親非常溺愛孩子，她要什麼就給什麼。如果女孩想要什麼東西，她不會說「請」或「謝謝」，而是會對母親說「你不是我的媽媽！」這樣的話。

女孩要麼就是知道真相了，要麼就是說到重點上了。我們之前了解到，一個二十歲的男孩不相信自己是母親親生的，但他的父母發誓說孩子不可能知道這件事情。男孩顯然已經有了這種感覺。孩子可以從很小的事中得出結論。這個案例中的養

母說：「她不知道自己是被收養的。」但有時孩子能感覺到自己是被收養的。

她對母親這麼說（「你不是我的媽媽！」），但對父親卻不這麼說。

父親沒有給她任何攻擊自己的機會，因為他給了女孩她所想要的一切。

母親無法理解她到了新學校的變化。現在她的成績很糟糕，母親不得不打孩子，對女孩進行懲罰。

因為成績差，這個可憐的孩子感到羞辱和自卑，然後母親打了她，這太過分了。這兩件事中，無論是挨打還是成績差，對女孩來說都是打擊。這是老師應該考慮的問題，他們應該意識到，當他們給孩子糟糕的成績單時，也預示著家裡很多問題的開始。如果老師知道糟糕的成績單會成為母親打孩子的理由，那麼明智的老師會避免給孩子這樣糟糕的成績單。

女孩說自己有時會失去理智，大發脾氣。她在學校很緊張，有時會破壞班級紀律。她認為自己必須永遠是第一。

我們可以理解孩子內心的渴望。作為家裡的獨生女，父親滿足她所有一切的願望。我們可以理解她想要成為第一的渴望。我們知道，在過去，她擁有鄉村的田地等一切，現在，她卻覺得美好都被剝奪了。她想要追求優越感的願望更加強烈

附錄二　五個案例及評語註解

了，但是由於沒有正確表現的方式，她的情緒失控了，並透過製造麻煩、發脾氣等方式來表達自己。

我們向她解釋，她必須學會合作。她為了成為大家關注的焦點而變得興奮，她大發脾氣只是為了得到大家關注的藉口。她不上學是因為母親對她糟糕的成績單很生氣，她正在和母親吵架。

她經常夢見聖誕老人為她帶了好多禮物，但是醒來後發現什麼都沒有。

在這裡，她又一次想要喚起這樣的感覺和情緒，現實裡她想要擁有一切，然而「醒來後發現什麼都沒有」。我們不能忽視那些潛藏的危險。如果我們在夢中喚起這樣的感覺和情緒，醒來卻什麼也沒有，那麼我們自然會感到失望。尤其是，夢中喚起的感覺與醒後的感覺是一致的。換言之，夢的情感目標不是喚起擁有一切的滿足的感覺，而是失望的感覺。正是為了這個目的，夢想被創造出來，除非目標得以實現，否則就會引起女孩的失望情緒。一些抑鬱症患者會做奇妙的夢，但醒來後卻發現恰恰相反。我們可以理解為什麼這個女孩想要獲得失落感。她想指責母親，因為對她來說，現在的生活一定是非常黑暗的。她覺得自己一無所有，母親也沒有給她任何東西。她認為，母親只會打她，只有父親給她想要的東西。

總結這個案例，我們可以看到，孩子總是想要獲得失落

感，這樣她就可以指控母親。她在和母親抗爭，如果我們想要停止這場抗爭，就必須說服她，讓她相信自己在家裡的行為，她的夢和她在學校的行為都是相同的錯誤模式。她錯誤的生活方式相當程度上是由於她在美國待的時間短，而且沒有受過很好的英語訓練。因此，我們必須讓她相信，這些困難是很容易被克服的，但是她卻故意利用這些困難和問題來對付她的母親。我們還必須說服母親停止打孩子，這樣女孩就不會有和母親爭吵、對抗的藉口。我們還需要讓孩子意識到：「我不專心，情緒失控，大發脾氣，都是因為我想要為母親製造點麻煩。」如果她知道這一點，就能停止自己的不良行為。在她還不了解自己在家裡、學校和夢中所有經歷及行為表現的含義之前，改變她的性格當然是不可能的。

　　由此，我們看到了什麼是心理學的研究目標——可以理解個體如何利用自己的感受和經歷。換言之，心理學意味著理解感知模式，即兒童透過自己的感知模式對刺激做出的行為和反應；心理學還意味著理解兒童如何看待某種刺激，如何對刺激做出反應，以及如何將應對這種刺激的行為作為達成自己目標的手段。

國家圖書館出版品預行編目資料

兒童人格發展與引導，阿德勒個體心理學：單一行為分析 × 外界刺激影響 × 個案心理調查⋯⋯百年不敗的教育心理學，引導孩子培養健康人格的教育理論 / [奧] 阿爾弗雷德・阿德勒（Alfred Adler）著，周玉瑩 譯. -- 第一版. -- 臺北市：崧燁文化事業有限公司 , 2024.09
面； 公分
POD 版
譯自：The education of children
ISBN 978-626-394-854-9(平裝)
1.CST: 兒童心理學 2.CST: 教育心理學
173.1　　　113013154

兒童人格發展與引導，阿德勒個體心理學：單一行為分析 × 外界刺激影響 × 個案心理調查⋯⋯百年不敗的教育心理學，引導孩子培養健康人格的教育理論

作　　　者：[奧] 阿爾弗雷德・阿德勒（Alfred Adler）
翻　　　譯：周玉瑩
責 任 編 輯：高惠娟
發 　行　 人：黃振庭
出 　版　 者：崧燁文化事業有限公司
發 　行　 者：崧燁文化事業有限公司
E - m a i l：sonbookservice@gmail.com
粉 　絲　 頁：https://www.facebook.com/sonbookss/
網　　　址：https://sonbook.net/
地　　　址：台北市中正區重慶南路一段 61 號 8 樓
8F., No.61, Sec. 1, Chongqing S. Rd., Zhongzheng Dist., Taipei City 100, Taiwan
電　　　話：(02) 2370-3310　　傳　　真：(02) 2388-1990
印　　　刷：京峯數位服務有限公司
律師顧問：廣華律師事務所 張珮琦律師

-版權聲明 ————————————————————————

本書版權為樂律文化所有授權崧燁文化事業有限公司獨家發行電子書及紙本書。若有其他相關權利及授權需求請與本公司聯繫。

未經書面許可，不得複製、發行。

定　　　價：320 元
發行日期：2024 年 09 月第一版
◎本書以 POD 印製

Design Assets from Freepik.com